老樹創意

老樹創意

老樹創意

老樹創意

Very rich, is secre

非常有錢，非常秘密

打開有錢人的黑盒子

劉培華 著

序言

很多秘密，在改變著世界！

親愛的讀者，在您拿起這本書來準備閱讀的時候，心中一定充滿了好奇和懷疑，之所以好奇，是因爲您對於「富人拚命保守的秘密」非常感興趣，覺得一定是沒有看到過的新奇內容，或許正因爲這個原因，您打開了本書。之所以懷疑，是因爲您的心中多少有一點矛盾，也許你正在問自己：「富人的致富眞的有秘密嗎？」這個問題的答案就在本書中。

我的一位朋友是中文系的研究生，對於文史哲和社會學比較熟悉，我將本書的初稿給他看，請他提出一些建議。他仔細閱讀過本書，在稿件第一頁寫了一句話——很多秘密，在改變著世界！我的序言就以他的話爲引言。

當今社會的人，始終被不同的聲音和資訊包圍著，我們出於道德的考慮，掩飾很多眞實而殘酷的現實，告訴朋友和孩子們的都是光明燦爛的未來和純眞的信念。但是，我們只能夠掩飾現實的影子，而無法掩飾現實的存在。當我們的朋友和孩子們走進社會，親身受到嚴峻的現實考驗，巨大的心理衝擊會令他們難以消受。很多人都選擇了無奈的沈默，在這沈默的背後，似乎有千言萬語要說，卻無從說起！

這本書所講的秘密，並非驚世駭俗的新聞，只是把無奈的沈默背後的千言萬語展示出來。在我們的周圍存在著很多聲音，對於致富的詮釋、對於財富的定義、對於富人的行事作風有太多的渲染，這些渲染不過都是一些冠冕堂皇的訓誡和虛假的說辭，眞正的原則和致富的路徑卻被淹沒了。本書中的秘密，是沙裡淘金的結果，比黃燦燦的金子更有價値。

或許您遇到本書只是偶然，但是偶然的閱讀和感悟會改變你的一生。眞誠地希望本書中的「秘密」能夠成爲打開你心扉的至理箴言，成爲您的致富明燈。

目錄

第一章

睜開眼睛看世界

一、錢從何來

相信所有的人都想問這樣一個問題：富人如何賺錢？

不錯，我們都看到富人們有錢，但究竟他們的錢從何來，才是我們最感興趣的地方。

這是個好問題，就我所知，賺錢方式有下列五種：

· 從他人那裡偷竊或詐騙——要冒險和犧牲做人的準則
· 繼承財富
· 投資理財。前提是具備訓練有素的財務技巧（或好建議），並配合足夠的耐心。
· 誠實而體面地努力工作——沒實力可能空夢一場
· 經商——如果你準備充足，選對方向，這是最有效的方式

一項操作完美的產業能創造驚人的利潤，比其他方式更能贏得財富。比如，在銀行和房產上投資四萬美元，你一年的回報可能是四%~二〇%的增幅。進入股票市場，你所看到的回報也不過是二〇%~三〇%。但是，如果拿一樣的資本投入自己的產業，你的收益將是百分之幾百，甚至更多，簡直沒法比。如果你想致富，投資的方向最好是自己的產

業。

在你自己的產業中，四萬美元的投資在三年後可能達到一百萬。鮑．蓋帝的《如何致富》(How to Be Rich)一書中，強調的首要原則就是——你必須有自己的產業。它包含一個簡單的道理：爲人作嫁，你永遠別想富起來。那些成功人士深知創造財富的基本規則。

打開富人的「財富黑盒子」

富人們的財富永遠都是引人矚目的話題，卻很少有人知道他們的財富從何而來。如果將財富的來源分爲幾類，可以看出大致的類別來：

第一類，偷竊或詐騙。偷竊是一種不勞而獲的行爲，將別人的財富據爲己有，這違反人類道德和法律準則，爲社會不容。而詐騙也是一種變相的偷竊，是利用別人的疏忽而獲得利益，也會得到應有的懲罰。這兩種方法都不是正常的手段，而且都是短期的獲利，不可能做爲長期的收入來源，最重要的是，這兩種方式得到的財富都是非法之財，會遭人唾棄。

第二類，繼承財富。這個世界其實是不公平的，有的人出生在富有家庭，可以輕易憑藉自己的血緣關係繼承到大筆財富，這種財富就像是天上掉下來的禮物一樣，只是大多數人都沒有這樣的機會。這種財富不需要自己奮鬥，所以是一種不勞而獲，雖然可以透過自己的血緣關係獲得大量的財富，但是你並沒有實現自己的人生價值，有時候單純的美好生活並不能掩飾人生的空虛。

第三類，投資理財。這種投資需要相關的專業知識，並且要有很好的專業訓練，這是致富非常重要的條件。這個世界上有很多人在玩股票、做投資商，但是也有很多人在投資的過程中慢慢被淘汰，剩下來的才是最後的勝利者。這是一種很高效的致富捷徑，但是需要有很好的專業知識作爲基礎。

第四類，誠實而體面地努力工作。這是占比例最大的人群，我們周圍這樣的人比比皆是，他們在一種職業環境中兢兢業業工作很多年，有人把這樣的生活方式稱之爲「用時間來換取金錢的磨坊」。公司的員工、政府的公務員等等，都屬於這類人。他們的財富增長得非常緩慢，隨著時間的推移，他們的財富會呈現出線性的增長模式。

第五類，經商。經商是一種相對自由的致富方法。在經商的過程中，一個人的聰明才智可以完全發揮出來，在市場中得到嚴酷的鍛煉，但是經商需要承擔一定的風險，同時也要有足夠的資金作爲資本，才能以錢生錢。如果資金足夠的話，你可以透過經商來完成你的財富之路。

這五種方式是大多數人獲得財富的重要途徑，每一種途徑都有更加詳細的分類。其他可能還有更多的途徑，但是這五種顯然是最重要、最普遍的途徑。

寶藏就在你腳下！

財富從哪裡來？

打開富人的財富黑盒子以後，我們會問——自己的財富之路究竟在哪裡？

「只要用心，到處都是賺錢的機會。」這句話說得一針見血。

某位擁有數十座大廈的企業家，原是和不動產毫無關係的生意人。他經營不動產的契機是——戰時的一次空襲把他的商店全炸毀了。他站在殘垣斷瓦上往下一望，看到的只是土地。

建築物毀了還會留下土地，他突然發現土地是最可靠的。於是，他變賣了所有的東西購買土地，然後用土地做抵押，向銀行貸款，再買土地。他就是用這種方法建立了後來龐大的家業。

華歌爾內衣廣受歡迎，有誰知道它創辦的經過呢？

剛開始，華歌爾的創辦人也是從製造內衣起步。他認為東方女性的胸部較小，所以一定希望自己的胸部豐滿一點。這時，他正好從認識的外國女孩獲得一件內衣，他就以此為樣本，尋找願意製造的人。但是當時的東方社會很保守，不願接受西方這種開放的產物。

「東方人怎會戴這種東西？這種東西誰買？」

每個人都這樣拒絕他。最後沒辦法，他只好自己製造，送到百貨公司寄賣。當時的百貨公司也認為這種東西一定賣不出去，不願意讓他寄賣。經他再三請求，只好姑且一試，沒想到銷路好得不得了。

由此可見，賺錢的機會到處都有，問題是你能不能發覺，並付諸實施。

在漫長的一生中，許多人都有幾次痛失良機的經驗。所以，如果你是個身無分文的人，奉勸你勇於接受各種從身無分文到成為巨富的路徑。

有一個窮人，請教一位很有錢的老人，怎樣才能變成富翁。長者交給窮人一張處分說：「這是使你儲蓄五十兩紋銀的處方，只要按這個處方，早晚持續服用，就一定能成為富翁。」

處方上寫著：

①早起（一大早就起來工作）五兩。

②日班二十兩。

③夜班（夜裡工作）八兩。

④節儉十兩。

⑤健康七兩。合計五十兩。

換句話說，就是從一大早到深夜，都要像工蜂般地工作。此外，如果還能注意健康、生活節儉，就能存五十兩紋銀；然後拿這些錢做資本，經營生意，就能致富。

「這是很好的處方，我也要好好地努力。但在這個大都市裡，很多生意都有人做了，究竟那一種生意比較罕見而又能賺錢呢？」

這個男人這麼想著，一大早就站在橋畔觀望，看看有沒有適合自己做的生意。他在橋畔尋思良久，不知不覺到了黃昏。這時，一群木匠做完工回家，跟在後面的學徒車上拉著很多木片，每走一步，木片就斷斷續續地掉下來，但是沒有人把它撿起來。

這人看了覺得很可惜，就跟在他們後面，把這些木片一一撿起來，竟然撿了三擔左右。他把這些木片拿去賣，想不到竟賣了二五〇文錢。

「原來在腳底下就有這麼好的賺錢法，爲什麼以前都沒發覺呢？眞可惜！」

從此以後，每到黃昏，他就跟在木匠的後面，撿他們掉下來的木片，把這些木片拿去賣，賺了不少錢。

這個男人並不甘於天天撿別人掉下來的木片，他還有更好的生財之道。賺了錢後，他想到利用這些木片削製成筷子。不久，他就開始經營起來，最後終於成爲一名富翁。

只要有心，即使是低頭走路，也能想到賺錢的方法。

把握財運的十二項原則

下面列舉把握財運的十二條原則：

1、不要沈溺於美食、聲色，不要以絲綢爲家居服飾。

2、不要養成妻子奢侈浪費的習慣。

3、不能讓兒女學會不良嗜好。

4、不能過於裝飾宅邸，或沈迷於不良娛樂。
5、不能夜遊、賭錢。
6、不要過於迷信，不能隨意祈願來世成佛。
7、不能做調解人或保證人。
8、不能投資於投機事業。
9、不能天天喝酒、抽煙。
10、不要收集和家業無關的古董、工藝品。
11、不要頻頻接觸演藝人員。
12、不能借高利貸。

創富應有的專門知識

知識有兩種，一種是普通知識，另一種是專門知識。普通知識不論多龐大，對於財富的聚積很少發揮立即功用。

知識不會吸引錢財到來，除非它經過組織，並且受過聰慧的引導，兼而採取切實的行動計劃，才能達到聚積錢財的目的。昧於此一事實，曾經導致千百萬人以爲「知識即是能力」。實則並不是那回事！知識不過是有可能的潛力而已，必須將它組織成爲切實的行動計劃，並且對準確定的目的，它才會變爲能力。

所有教育制度都有這一缺失，就是未能教導學生取得知識以後，如何組織與應用。很多人都以爲亨利．福特上學時間很短，因此不是有「教育」的人，犯這種錯誤的人，並沒有瞭解「教育」一詞的意義。

受過教育的人，並非是擁有豐富的普通知識或專門知識的人。受過教育的人，乃是能把他的心智才力，發展到能夠取得他所需要的任何事物，而不損害他人權益的人。

第一次世界大戰期間，芝加哥某日報的社論中，稱亨利．福特爲「愚昧的和平主義者」。福特先生不同意這一論調並且提出訴訟，起訴日報誹謗。法院審理此案時，日報的律師聲言具有理由，並且將福特先生請到證人席上，企圖證實他的確愚昧。律師詢問福特各種各樣的問題，都是爲了證明他雖然擁有汽車製造的極多專門知識，可是一般而言，他仍然是愚昧的人。

福特被盤詰的問題有：「誰是邦里狄克．阿諾？」「一七七六年之役，英國派遣多少士兵來鎮壓美國？」

福特先生回答說：「我不知道確切人數，不過我聽說比後來回去的人數要多很多。」

最後，福特先生對這一連串問題感到厭煩了，於是他身體前傾，用手指著那問他問題的律師說：「讓我提醒你，倘使我眞想回答你剛才的愚問，我書桌上有一排按鈕，只需按下恰當的一個，我便可以召來一個助手，他能回答任何我想詢問的問題。現在請你告訴我，既然有人在我身邊提供我需要的任何知識，我何必讓這些知識在我心頭塡塞得滿滿的呢？」

這個回答當然很合邏輯。這個回答也難倒了律師。法庭裡每個人都明瞭，這不是一個愚昧的人的答覆，而是一個有教育的人說的話。任何人在需要知識的時候，知道去何處取得，並且知道如何組織知識以構成明確的行動計劃，他便是有教育的人。福特借助於他的智囊團，得到了使他變成美國最富有的人之一所需要的一切專門知識，以供他調度，他並沒有必要將這些知識苦心的收在自己腦袋裡。

龐大財富的聚積需要能力，能力的獲得有賴於專門知識，不過這種知識倒不是由本人自己擁有。也許你所需的專門知識很多，不是你的能力或願望所能及。果眞如此，你可以借智囊團的協助，以彌補你的不足。

有人一生受盡「自卑感」之苦，爲的只是他不是有「教育」的人。可是能夠組織並指揮智囊團的人，智囊團既有聚財所需的有用知識，他也就和團中的任何人一樣是有教育的人了。

愛迪生只上過三個月的學，可是他一生並不感覺缺乏教育，也未死於貧困。亨利．福特僅受過不到小學六年級的教育，可是無損於他的成就。

專門知識乃是我們可以獲得的最多、最廉的服務之一！你如果不信，翻翻任何大學的薪資明細看看。

至於如何尋找可靠的知識來源呢？首先，決定你需要的專門知識種類，以及你需要它的目的。比較重要的來源有：

①你自己的經驗與教育。

②借助於他人的經驗與教育（智囊團）。

③學院及大學。

④公共圖書館（書籍、期刊中可以找到構成文明的一切知識）。

⑤特別訓練課程（特別是夜校與補習學校）。

知識得到了，你必須把它依照切實的計劃組織起來應用。知識除非使用在值得使用的目的上而產生價值外，它是沒有價值的。

倘使你想再受點教育，你首先要釐清，尋求知識爲的是什麼目的，然後瞭解這些知識可以從何處獲得。

一切行業中的成功者都不會停止尋求專門知識。不成功的人則往往以爲離開學校之日學習便終止了。實則學校教的，只是使人走上學會如何獲得實用知識的道路而已。

哥倫比亞大學前就業輔導中心主任勞伯·慕爾在一篇文章裡提出他的兩大建議如下。

專門人才最有出路

特別熱門的企業所需求的人力，是在某些領域中有專長的人——如商業學校畢業，受過會計、統計訓練的人，各種工程師、記者、建築師、化學家，以及大學四年的出色領袖與社團活躍分子等。

在校內一向活躍、善於與各色人等來往，而且學業成績又足夠良好的人，比純粹以學業見長的學生佔有絕對的優勢。由於他們的多才多藝，成爲企業爭相延攬的對象。

某一最大的工業公司在寫給慕爾先生的信上，談到候選的大學四年級生時說：

「我們主要的興趣，在尋求能將管理工作做得特別進步的人。因此我們強調的是性格、人品、智慧與個性，遠甚於專長教育的背景。」

「實習制度」的必要

慕爾先生建議在事務所、商店與工業機構裡，訂立讓學生暑期實習的制度。他說，每個學生進入大學兩、三年以後，都應該吩咐他選擇一條確定的未來道路，如果他只是在非專門的理論課程上浮蕩，便應該加以制止。

他說：「各學院與大學，必須面對一切職業與行業，現在要的都是專門人才，這是個實際問題。」

其實，最可靠的實際知識來源之一，是在大多數城市中開辦的夜校。函授學校也提供專門訓練，它有推廣教育所能教的一切課程。不論你生活在何處，都可以享受這種專門教育。

在美國，人們擁有世界上所謂最龐大的公立學校制度。人很奇怪，他們認爲必須付錢的事物才有價值。美國的免費學校以及免費的公共圖書館，並未受到珍惜，因爲它們都是免費的。雇主們對於在家中自修的人員，要給他很高的評價才對，因爲求知若渴乃是成爲領袖的品格。

人們有個不可救藥的弱點，就是普遍缺乏雄心。願意用他的空餘時間在家研修的人，特別是薪水階級，很少會長久地留在社會底層。他們的行動，替他們打開向上晉升的途徑，除去道路上的障礙，爲自己贏得貴人的提拔。

在家研修的方法，特別適於受薪者，他們離開了學校，又必須獲得額外的專門知識，但是不能空出時間到學校去。

史杜瓦・維爾是一名建築工程師，而且堅持從事此一行業，直到大恐慌時期將他的市場縮小到不能維持生計。他自己檢討了一番後，決定更改職業到法律界。他回到學校，選修特別課程，成爲處理公司事務的律師。訓練完畢，考試及格，他很快就變成一位很賺錢的律師了。

也許有人會推託說，「我不能到學校去，因爲我要養家」，或者「我太老啦」。殊不知維爾先生回到學校時，已經年過四十，並且結婚了。他仔細選擇高度專門的課程，讀的又是所選科目的最佳學院。最後，維爾先生在兩年內，便將大多數法律系學生要花四年時間的功課都念完了。知道如何購買知識是值得的！

我們再談一個特別的例子。一位雜貨店的店員忽然失業了，由於曾經有點記帳經驗，於是他選修了一門會計的特別課程，使自己熟悉了一切新式的會計與辦公事務，他就自己開業了。他先由以前工作的雜貨店開始，與一百多家小商店訂約，替他們記賬，每月收一點費用。他這個主意十分切實，很快就得以在一台送貨卡車上裝置新式會計設備，成立了一個活動事務所。現在，他已擁有一隊這樣的車上會計事務所，雇用一大群助手，小商人們以極少費用便能獲得最佳的服務。

專門知識加想像力，是構成這個獨特事業的元素。去年這家事務所的主人付的所得稅，比他失業前領的工資多十倍。這個成功的事業起點，只是一個觀念而已。

還有一個觀念，它帶來的是得到更多收入的可能性。這個觀念是一名推銷員提出來的，他放棄了他的行銷工作，而去做批發的記賬生意。當此一方案被提起時，他叫道：「我喜歡這個主意，不過我不知道如何能把它變成現錢呀。」換言之，他有了會計知識之後不知如何推銷出去。

還好有了一個年輕的女打字員來幫忙，整個故事便連貫起來。他們做了一本很引人注意的冊子，說明新的會計制度有何優點。一頁頁打得清楚而整齊，可以當作無聲的推銷員。他將這項新事業的情節，說得栩栩如生，於是很快就接到多得處理不完的生意了。

全國有千千萬萬人，都需要擬訂行銷計劃的專家，爲他們準備好引人入勝的簡述，以供推銷之用。這是應事實需要而產生的事業，發起的女士有很敏銳的想像力，她看見有種可以爲千萬人服務的新職業形成了。

受了第一次代人制訂「推銷個人服務計劃」，並立即獲得成功的鼓勵，這位精力旺盛的女士，轉而替她兒子解決同樣的問題。她兒子是剛畢業的大學生，可是完全不能找到工作，因此她爲兒子製作履歷表。

這本履歷一共有將近五十頁編排清晰、結構完善的資料，說明年輕人的天賦才能、所受教育、個人經歷等等，還有所希望工作性質的完整說明，以及他用來完成任務的計劃，描寫精彩。

履歷書的製作，花了幾個禮拜的時間。期間，女士幾乎天天派他兒子到公共圖書館，搜求有用的資料。甚至打發他到可能的所有競爭對手那兒去，以取得他們經營方法的最重要資料。履歷中還有半打以上極其精彩的建議，提供雇主應用，從而獲得裨益。

有人也許要問，爲什麼要討這許多麻煩去找一個工作呢？

答覆是：「把一件事做好絕不是討麻煩。那位女士爲她兒子所作的計劃，幫助他第一次面談就得到他所應徵的工作，薪水還是他自己決定的。」

經過這樣的努力，這年輕人不需要從底層做起。他一開始便是中級幹部，領的是幹部的薪水。這樣做，讓他少奮鬥十年時間。

從底層做起而循序漸進，並沒有不好，但是太多的人從底層做起都無法把頭伸高，好讓機會瞧見，因此他們只好侷促於底層。而且底層的展望並不是很光明或令人振奮的，它會令人壯志消沈，聽天由命，因爲積習已深，以致我們不能把它革除了。如果能從底層以上一兩級開始，你可以養成向周圍瞧瞧的習慣，注意到別人的晉升，並且看見機會到來，便毫不猶豫地把它抓牢。

丹．哈爾平是這句話的絕佳例證。他大學時已經是贏得全國錦標賽的著名諾托．丹蒙足球隊的經理。

哈爾平大學畢業時正值美國經濟危機，工作機會缺少，因此他在投資銀行與電影界試探一番之後，便接受了他所能找到的第一個工作——助聽器推銷員。哈爾平當然明白這不是個風光的工作，可是已足夠替他打開機會的大門了。

他以兩年的時間，繼續做這項不合意的工作。首先，他以成為公司的助理為目標，而且他得到了該項職位。這一步提升，使他足以超越前輩，而看得到更好的機會。同時，也將他安置在機會看得到他的地方。

他在助聽器行銷上締造了極好的記錄，因此另一家助聽器產品公司的董事長，也是丹·哈爾平公司業務上的競爭者安德魯，想瞭解一下這個搶去他好多生意的丹·哈爾平是何等能人。他叫人去請哈爾平來，面談之後，哈爾平就變成他分公司的新營業經理了。然後為了試驗年輕的哈爾平的勇氣，安德魯先生到佛羅里達去了三個月，讓哈爾平在他的新工作崗位上浮沈，他沒有沈下去！留特·羅克思說：「世人都喜愛優勝者，而不會把機會給失敗者。」這話激起他奮進地工作，不到十年，他被任命為公司的副總裁，這是很多人奮勉十年，都還無法觸及的地位。

我們之所以攀上高位或留在底層，純粹是由於我們的意念。

二、想像力經濟時代的生存遊戲

「不怕做不到，就怕想不到」，我和一位朋友在聊天的時候談到了「知識經濟」的概念，我們從知識創富的力度，一直談到知識在社會進步中的作用。當我們說到今日的資訊爆炸，重點不約而同集中在一點：資訊社會爲人的創富提供了無限廣闊的天地，在這個天地裡，最有想像力的人是最後的勝利者！因此，我大膽把當今社會的經濟稱爲「想像力經濟」。

想像力經濟的最大特點就是：一個富有創意的想法就會成就一個富翁，一個好的創意可能會是無價之寶。現在的諮詢公司就是這種經濟模式下的產物，諮詢公司就像是一個生產點子的智囊，是一個發揮想像力並且用商業化外套進行包裝的產物。在想像力經濟時代，墨守成規、不願解放自己思想的人常常會被社會淘汰，他們會被同行迅速甩在後面，成爲典型的落後者。而能夠發揮自己想像力的人，在這個經濟模式下常常會成爲最有活力、最有前途的人，因爲他們能夠抓住機會成就自己，這就是想像力經濟時代的生存遊戲規則。

在想像力經濟時代，一個最有活力和最有前途的創富者，應該有足夠強的經濟駕馭能力和實踐操作能力。

財富＝想像力＋信念

美國成功學大師拉波里恩．希爾博士，憑藉自己所創的「心理創富學」而擁有億萬資產。他指出：「人的心靈能構思到而又確信的，就可以成爲財富。」所以他得出心靈學創造財富的公式：財富＝想像力＋信念。

也就是說，人獲得的一切物質或精神成就，都首先由心靈的想像構思而來，然後再交由信念全心運作，在人類科技史上，科學的發現和技術成果的獲得，與那些最早被斥爲「異想天開」的想像緊緊聯繫。法國科幻作家凡爾納一百年前構思的飛船及海底遊船，與今天的太空梭、潛艇的驚人相似，也使我們得出同樣的結論，即，人類的唯一極限是其想像力。對於大多數人來說，爲什麼想像力的開發運用，至今還遠遠沒有達到其頂峰呢？原來，我們大部分人雖然知道想像力的存在，卻不知道它的無限運作法。

預見未來的想像對創富成敗的影響是不言而喻的，一個錯誤的決策往往與其預見能力不足有關，而一個正確的預見則可以幫助你在財富上捷足先登。曾一度令整個歐洲瘋狂的德國「電腦大王」海因茨・尼克斯多夫，就是以其超前想像先聲奪人而取勝的。

海因茨原在一家電腦公司裡當實習員，做一些業餘研究，卻一直不被採納，於是外出兜售，得到了萊因・威斯特發倫發電廠的賞識，預支了他三萬馬克，讓他在該廠的地下室研究兩台供結賬用的電腦。一九六五年，他創造出一種簡便、成本低廉的八二〇型小型電腦，由於當時的電腦都是龐然大物，只有大企業才用得起。因此這種小型電腦一問世，立即引起轟動。他為什麼要做這種微型電腦呢？他自己的回答是：「看到了電腦的普及化傾向，也因此看到了市場上的商機，意識到微型電腦進入家庭的巨大潛力。」在其富於想像的大腦中，他甚至「看到每個工作臺上都有一部電腦」。正是這種預見和想像使他獲得了成功，成為巨富。

一九七五年三月的一天，菲力普在當天報紙上偶然看到一則新聞說，墨西哥發現了類似瘟疫的病例。他馬上聯想到，如果墨西哥真的發生瘟疫，則一定會傳染到與之相鄰的加利福尼亞州和德克薩斯州，而從這兩州又會傳染到整個美國。這兩州是美國肉品供應的主要基地，如果真如此，肉品一定會大幅度漲價。於是他當即派醫生去墨西哥考察證實，並立即集中全部資金購買了鄰近墨西哥兩個州的牛肉和牲畜，並及時運到東部。果然，瘟疫不久就傳到了美國西部的幾個州，美國政府下令禁止這幾個州的食品和牲畜外運，一時美國市場肉類奇缺，價格暴漲，菲力普在短短幾個月內，因此淨賺了九百萬美元。

類似菲力普這樣運用預見性創富的實例，在商界不勝枚舉，這大概就是人們所謂的「機遇」。在我們周圍，不是許多人都埋怨自己缺少機遇嗎？那就請即時運用想像，因爲想像對我們的大腦而言，只有越用方能越靈敏。要知道，想像具有使人一夜之間暴富的魔力。

心理學家指出，想像的方法有三類，即邏輯想像、批判想像、創造性想像等。這三類想像的單獨或綜合運用，都可能提供創造財富的正確途徑。

「邏輯想像」與創富

借助邏輯，從已知推出未知，從現在推出將來，著名的詩句「冬天已經到了，春天還會遠嗎？」就是典型的邏輯想像。

邏輯想像的運用，在經營中不乏許多極富啓示性的實例。漢斯是個德國農民，他愛動腦筋，常常花費比別人少的力氣，卻獲得大收益，當地人都說他是個聰明人。每年一到馬鈴薯收穫季節，德國農民就進入了最繁忙的工作時期，他們不僅要把馬鈴薯從地裡收回來，還要把它運送到附近的城裡去賣，爲了賣個好價錢，大家都要先把馬鈴薯按尺寸分成大、中、小三類。這樣做很耗時，每人都起早摸黑工作，希望能快點把馬鈴薯運到城裡趕早上市。漢斯一家與眾不同，他們根本不分撿馬鈴薯，而是直接把馬鈴薯裝進麻袋裡運走，漢斯一家「偷懶」的結果是，他家的馬鈴薯總是最早上市，因此每次賺的錢自然比別家的多。原來，漢斯每次去城裡，並沒有開車走一般人都經過的平坦公路，而是載著裝馬鈴薯的麻袋跑一條顛簸不平的山路，二英里路程下來，因車子的不斷顛簸，大的馬鈴薯就落到麻袋的最底部，而小的自然留在上面，賣時仍然是大小分開。由於節省了時間，漢斯的馬鈴薯上市最早，自然就能賣得好價錢。

農民漢斯這種巧妙利用自然條件進行邏輯想像的創富方法，看起來並不驚天動地，卻能開啓我們的大腦，如果你具有這樣的邏輯想像能力，就可以在自己的創富過程中做得更好了。同樣是運用邏輯想像，日本明治食品公司更爲巧妙。

某日，該公司在東京各大報紙同時刊出了一份「致歉聲明」，大意是說，因操作疏

忽，最近一批巧克力豆中的碳酸鈣含量超出規定標準，請購買者向銷貨點退貨，公司將統一回收處理，特表歉意云云。聲明刊出後，人們對該公司認眞負責的精神大加讚賞，其實，該公司早就預見到碳酸鈣多一點對人體並無太大的影響，不會有多少人爲此區區小事專門跑去要求退貨，但這種興師動眾的宣傳，卻可以使明治公司聲名鵲起，給顧客留下良好印象，這實在是十分微妙的廣告策略。果然，顧客從此以後更愛購買明治的商品了。

在市場行銷及廣告策略中，巧妙運用邏輯想像，不僅可以產生非凡的宣傳效果、拓展市場，有時還可以緩解行銷者與消費者之間的對立，提高自己的信譽。

「批判想像」與創富

批判想像就是尋找某些不完善的東西，在此基礎上進行想像構思。時代的變遷、社會的發展往往會給原來已完善的東西留出進一步完善的餘地，在這個空間上，借用批判想像，選對標的物，確定自身的市場優勢，開拓更大的市場，都能創造財富價值。

市場上摔不碎的瓷器，便是借用「批判想像」的產物。人們常常失手摔碎家中物品（當然包括瓷製品），更有不少人藉摔盤砸碗來發洩心中的怨氣，法國一家瓷器製造商透過批判性想像，別出心裁生產了一批供人們摔砸的瓷壺、瓷杯、瓷碗。這種器皿式樣新穎、價格低廉，並在廣告上宣稱：「不必煩惱，無須壓抑怒氣！夫妻吵架，亂砸器皿是緩解心情的最有效方法。爲了家庭和睦幸福，使勁摔吧！勸君莫吝惜！」這種出自批判想像的奇異產品，加上獨特的廣告語，引起了不少人的興趣，使得生意興隆，財源滾滾。批判想像在實際運作中很有效用，它可以從綜合、移植、變形、重組等方面進行。

「創造性想像」與創富

創造性想像可以使人產生全新的想法，它可能是現實世界中還沒有的某個事物，但現實生活仍是其產生的依據，所以希爾博士一語道破零與億間的天機，那就是「一切的成就，一切的財富，都始於一個意念」。那麼意念從何而來呢？希爾博士解釋說：「它是創造性想像力的產物。」

關於創造性想像力引導意念的產生，以及在心理創富中所扮演的「角色」例證，全球家喻戶曉的風行飲品——可口可樂，極具說服力。

大約一百年前的某一天，一位年老的鄉下醫生駕著他自己的馬車到一個小鎮，他悄悄溜進那家他常去購藥的藥房，與一名年輕的藥劑師作了一樁並不驚人的買賣。老醫生和藥劑師談了足足一個鐘頭，後來，年輕的藥劑師跟隨醫生來到馬車上，取回了一個老式銅壺和一片用來攪動壺裡東西的木製櫓狀木板。年輕藥劑師檢查那老銅壺後，一次付給醫生五百美元，隨後，老醫生才交給年輕藥劑師一張寫著秘密配方的小紙片。

銅壺裡裝著一種可以令人生津止渴的特殊飲品，而它的製造配方就寫在小小的舊紙上，這配方是那個鄉村老醫生的創意——想像力的產品。年輕藥劑師的信心使他傾其五百美元的積蓄將此創意買了下來，我們無法肯定那個鄉下醫生的配方有多神奇，也難以確定年輕藥劑師對這個配方進行了多大程度的修改。

總之，這個叫艾斯．肯特拉的年輕藥劑師，將一種秘密成分加入老醫生的秘方後，確實生產出了一種暢銷全球的美妙飲品——可口可樂。

如今，「老醫生」和艾斯．肯特拉這個極富想像力的創意，爲他自己和數百萬人帶來了源源不斷的巨大財富。

可口可樂是一個「想像力創富」的實例。「無論你是誰，不管你住在地球的什麼地方，不論你從事的是什麼職業，你以後一定要記住，每次看到可口可樂這四個字，就要想到它是由一個單純的創意造出來的。艾斯．肯特拉加進那銅壺的秘密成分，就是想像力的結晶。」無數巨富的創造學祖師希爾博士，這樣肯定地提醒人們說。

想像力是靈魂的工場，也是財富的「核反應爐」，它可以給你帶來創富的目標，讓世界上許多事物向你展示出新奇的面目。但僅止於此還不夠，你還必須以堅定的信念，去加以實現。關於行動的重要性，諾伯特．威爾在談到科學的創造過程時說：「科學家動手解決一個確定會有答案的難題時，他的整個態度才發生了根本的改變。此時，他實際上已經找到了一半的答案。」因此，當我們有一個創意存在於大腦中時，不妨相信財富已經存在某處，只需要我們動手去捉住「她」罷了。

第二章

對上帝說「不」的人

一、富有並非上帝的恩賜

「不是環境創造人，而是人創造環境。」——狄斯雷利

鉅額的財富有時就像是一面哈哈鏡，我們從中可以看到各種不同的形象。對於富翁，我們可能會多少有這樣一些聯想：

1 這個人是天才，只有天才能夠創造這樣的奇蹟！

2 這個人有非同尋常的家世背景，因此可能得到很多機會成就了他今天的偉業！

3 這個人聰明絕頂，非常人所能及！

……

人們常常認定富人年輕的時候一定非常優秀，在學校一定是出色的學生，小時候就早已顯示出驚人的天賦等等。但是事實並非如此，我有一個好朋友阿郎，是我的高中同學，現在大家說他年輕富有、健康幸福、事業成功。他的生意規模很大，足跡遍及海內外，接觸的人物涵蓋社會各個階層。平時的應酬很多，工作也很忙，但他臉上總是洋溢著笑容，

與他的愛妻如膠似漆。而在繁忙的工作結束後，總是可以看見他運動的身影。

阿郎今年二十五歲，只有高中學歷！他是怎麼能夠在這等年紀就有如此的成就？何況，就在三年前他還一貧如洗，住在一間只有十坪大的單身公寓裡，房子小得連洗碗盤都得在浴缸中。那時他意志消沈，身材癡肥，窮困潦倒，可以說是前途暗淡；如今他廣受社會矚目，身體健壯，交遊廣闊，前途璀璨。

由此可見，富有並非上帝的恩賜，也許有很多人從一出生就比常人擁有更多的資本、更好的條件，他們的成功可以說是水到渠成。新加坡前總理李光耀的兒了李顯龍，出生在權貴之家，從小受到很好的教育，見過很多場面，他的見識和魄力，都要比一般人好得多，所以他的成功是意料中事。李嘉誠的兒子李澤楷，從小受到良好熏陶，他的雄心壯志都是常人難以達到的，更何況，他背後有一個實力雄厚的家庭……這樣的例子有很多，但並不是說富有就是上帝的恩賜！阿郎的故事就是最好的佐證。

阿郎，對上帝說「不」的人！

大多數高中畢業紀念冊中，都列有「明日之星」英雄榜，也就是選出準畢業生中最具成功潛力的明日之星。我記得曾經投票給我們的班長，選他爲將來最可能成功的人。他是我在高三時的班長，是得「A」的模範生，也是優秀的運動員，而且人緣極佳。我還記得當時選票上面有多項「明日之星」的類別，每個類別都有許多候選人。當然，我的名字不在選票上，而且就算在上面，也沒人會投我一票。不出色的容貌和缺乏運動細胞，使我無法成爲校園風雲人物，而平均爲「B」的成績，也不足以讓我躋身優等生之林。

同校另一位校友的境遇和我頗爲相似。他的長相和運動才能也不足以使他成爲校園風雲人物：成績和我一樣普通，並不出色，也很少參與校內活動。我只是在參加一位朋友的慶生會上認識了他，當時他給我的印象很好，非常親切，很少說話，在人多的時候不怎麼表現自己，他的名字叫阿郎，後來成爲非常有名的廣告企劃。

今日的阿郎已經是九家廣告公司的董事，生意遍佈臺灣、香港和中國大陸，堪稱是今日的明星了。對於阿郎今日的成就和昨日的表現，我覺得有點戲劇化，決心要找出其中的奧秘，我打電話問一些和阿郎有過交往的朋友，想問問阿郎成功背後的秘密。問到的結果更加讓我驚訝：阿郎出身生貧寒，沒有什麼家庭背景，從小受到的教育也沒有特殊之處，在學校的表現同樣平凡無奇……

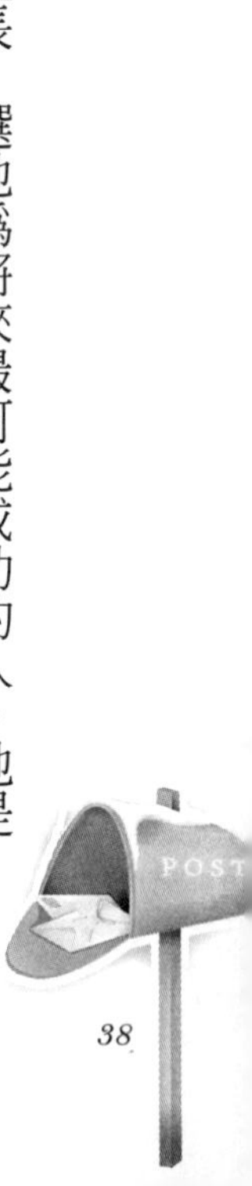

富翁並非天生的智力天才

阿郎的故事給我一個最深的感受就是：富翁並非天生的智力天才！

提起智力天才，人們的頭腦裡自然就會浮現出一大串在自然科學、社會科學領域裡功勳卓著者的名字：愛因斯坦、牛頓、伽利略、笛卡兒、亞里斯多德、康德、黑格爾……的確，拿這些頂尖的超級天才來與富翁們作比較，本身就是一件不恰當且毫無意義的事，因爲沒得比，也無法比。

我們在這裡談的智力天才，是指那些智力條件比一般人的平均智力好得多，通常在大學裡屬優等生，能輕鬆拿到碩士、博士學位，且能夠成爲某一學科或專業中的專家、學者、高級人才之類的人。讓這些學有專長的天才們與富翁站在一起比較智力時，前者遠遠超出了後者。

富翁並非智力天才，他們當中的絕大多數人在智力條件上與普通人差不多。他們所想到的致富點子，說穿了一點都不稀奇，毫無半點高深，似乎任何人都能夠想到。可是，一般人對近在眼前的財富視而不見，而富翁們的財富頭腦卻偏偏能靈光閃現，並牢牢抓住那些機遇。「迪士尼樂園」創建人迪士尼的故事就是一個生動的說明。

由貧窮一躍成爲市值幾十億美元的「迪士尼樂園」創建人迪士尼說得好：「米老鼠給我帶來了金錢和榮譽，但最大的禮物是啓示一個人——即使窮困到極點也不要忘記捕捉靈感。」

是的，一個靈感造就了舉世聞名的「迪士尼樂園」，值得所有的創業者效仿其捕捉商機的高明之舉。

迪士尼夫婦原本生活在社會的最底層，日子過得非常艱難。有一次，他們因爲付不起房租，竟被房東趕了出來。

這下可慘了，他們無處安身，只好提著行李來到公園。坐在公園的長椅上，夫婦倆愁眉苦臉，思索著如何才能找到一點錢，以解決燃眉之急。正在一籌莫展之際，突然，從他們的行李箱裡，伸出了一顆可愛的小老鼠腦袋。那機靈的小生命給愁苦不堪的迪士尼夫婦帶來了一點開心和快樂，使他們暫時忘記無家可歸的憂愁。

就是這麼一點快樂的感覺，引起迪士尼的聯想：對呀，誰不喜歡小老鼠的可愛模樣？我乾脆把牠畫出來吧，也許會有很多人喜歡，自己能夠從這裡開始擺脫貧困，走向富裕。

一個重要的商機就在這樣不可思議的境遇下誕生了。

迪士尼把自己的想法告訴了妻子，妻子也感到丈夫這個主意不錯，全力支援丈夫。就這樣，在無家可歸的迪士尼筆下誕生了全世界人人都熟悉的米老鼠，以及後來的唐老鴨。可愛的米老鼠和唐老鴨，幫助迪士尼夫婦擺脫了貧困，邁向巨富的行列。

富翁並非智力天才，我們還可以從托馬斯·J·史坦利博士的調查統計報告中，得到更爲充分的證實。

史坦利博士在豪宅區隨機抽選出五〇六三戶家庭爲樣本，進行問卷調查。他又在完成的一〇〇一份問卷中，整理出擁有一百萬美元以上淨資產的七三三位百萬富翁的問卷。通常認爲，具有智力才能的人會有很高的分析能力，而分析能力又是按標準的智商測試來完成的。史坦利博士在此次調查中，沒有採用智商分數，而是代之以容易獲得的學習能力測試分數，因爲這兩種衡量標準所得的值具有正比關係。現在，讓我們來研究這個調查結果。

根據下表可知，受過良好的教育並不意味著這些富翁大學畢業時都獲得很高的榮譽。

根據四百分的評分等級，他們在大學期間的等級平均分數爲一一九〇分，雖已超出了平均分數，但尚未進入一四〇〇分以上的行列，更不足以進入一流名校。他們大多數人確實也沒上過這類大學。並且，是否從一流大學畢業對於解釋他們在經濟上的成功也沒有多大的重要性。

顯然，百萬富翁中的很大部分人在學校時並不是全A的優秀畢業生，甚至有些人的學習能力測試分數還在一千分以下，史坦利博士將他們歸入「九百分俱樂部」。以下是博士的說法：

儘管學習能力測試分數在一千分以下，不少人還是成了百萬富翁。在成就經濟表現的過程中，學校以及大學的經歷給了我們怎樣的影響呢？足足有七二％的「九百分俱樂部」百萬富翁說，因爲自己被人說「能力

百萬富翁智力測試表

(大學期間的等級平均值和學習能力測試分數)

	業主或創業者	公司的資深總經理	律師	醫生	其他	所有百萬富翁
所佔比例	32%	16%	10%	9%	33%	100%
等級平均值（人數=733）	2.76	2.93	3.04	3.12	2.96	2.92
學習能力度（1=444）	1235	1211	1262	1267	1090	1190

根據4.00評分等級：A=4，B=3………等等

中下等」，所以學會了爲自己的目標而努力奮鬥。

絕大多數人相信，受教育的經歷給了我們很大的好處，受試的百萬富人大多數（九三%）認爲，學校以及大學經歷給予的影響在於「使我們確信，要取得成就，努力工作要比遺傳的高智力更爲重要」。學校的重要在還於它增強了我們的能力，以便能「合理安排時間，並對人做出正確的判斷」。

毫無疑問，這些百萬富翁的智力在社會評價和他們的自我評價中都絕不能被稱爲天才，但他們的確又比那些可以稱之爲智力天才的人在經濟領域中顯得更強、更有能力，並獲得大成功。比爾克先生就是一個典型的事例。

這位百萬富翁曾經只是普通學生，現爲明尼蘇達州明尼托恩卡高級生物投資集團的副總裁。他所投資的公司生產一種聚合物，在美國及各國的醫療試驗中很風行。這種聚合物注射進膝關節，對骨關節炎病人有幫助，可以使患者免做膝關節替換手術。這是比爾克先生所開辦的第七家醫療設備公司，它有著遠大的發展前景。

這位大學時的普通學生，後來是怎樣建立起技術尖端的醫療公司，並使之揚名，且能以幾百萬美元的價格賣出給大企業集團的呢？

比爾克進入羅斯福中學時，家境並不富裕。他是由母親撫養長大的。母親的工作很辛苦，每天要在一家乾洗店工作十二個小時，收入也很微薄。爲貼補家用，比爾克自己也在晚上到一家煤氣站幹活。母親的辛勞使他懂得人應當吃苦耐勞，腳踏實地。他在學業上並不是最好的，但他也意識到：「如果你想成功，就必須讀完中學。」他說：「我不是一個優秀學生，我學到的知識也不多，但我每天都堅持去上學。」

指點他去尋求機會的第一個人是一位中學老師，那位老師鼓勵他充滿信心地參加最後一次的學習能力測試。結果他成績不太好，但足以進入一所四年制的國立大學。

「我當時不想上大學，」他說，「比爾克家也從未有人上過大學。」但那位老師改變了這一切，也改變了比爾克的人生方向。他還幫助比爾克在摩爾黑國立大學找到了一份工作，以支付讀完大學所需的費用。比爾克住在大學生宿舍裡，所接觸到的學生和教授向他展示了另一種生活的前景。

比爾克說：「我不是一個優秀學生。我畢業時的成績平均是C^+或B。但是，如果沒有這位老師指引我上了大學，我就會在那個煤氣站裡度過人生。」倘眞如此，那麼我們看到的就不會是今天那個功成名就的比爾克。

大學畢業後，比爾克到了一家醫療設備工廠當業務員。之後，他按照自己的方式逐步發展起來，建立了自己的公司，並專注於投資新建立的醫療公司，成爲該行業中的頭面人物。

這位百萬富翁堅信，每個像他那般智力水準的人都肯定能發現自己的成功機會。爲此，他設立了一項獎學金，試圖再現他自己的經歷。他在明尼亞波利的母校設立了一項一百萬美元的獎學金，每年獎勵十名普通等級但出席率高、態度積極的學生，給予他們可以獲得上國立大學的一半費用。他還要他們將來住校，以便能與來自不同背景的人密切接觸。

這眞是一項別出心裁而又意味深長的獎學金，不獎優而獎普通者。內中深意，自然是比爾克先生對那些在學習成績上往往被人忽視的學生抱有充分的期許。在他看來，「對於那些非常聰明的學生來說，獲得獎學金不是件難事」。他認爲，「但是，他們往往會失去機會，因爲他們不必專心讀書，不必努力工作。而普通的學生則必須專心讀書，因而能遇到更多的機會。」

至此，我們可以斷言——智力天才並不是成爲富翁的必要條件。富翁之所以成爲富翁，能在普通者中崛起，肯定有著諸多的因素起作用。對於這些因素，我們將在後面逐一揭示。

博士為富翁效命

普通智力者成爲大富翁，而那些智力天才型的人則被無情地擋在富翁的大門之外。擁有博士學位的專家爲富翁效命者，比比皆是。這是很有意思且值得人深思的現象。

前面所講的比爾克先生就自稱是個並不優秀的普通學生，別人也如此評價他。但這位「確實不那麼聰明」的富翁卻不無驕傲地告訴人們：「我有許多博士在爲我工作。他們非常非常聰明，擅長於他們的專業，但是，他們在爲我效力。」

這絕不是一個偶然的現象，而是一個普遍的事實。世界上哪個大財團、大公司沒有一大批的研究人員和專業人才在爲他們效力呢？而且，正是這些天才型的專家，在爲他們的雇主累積越來越多的財富。這是一個頗具諷刺意味然而又極爲正常的事情：富翁用他們的財富智慧理財，專家用他們的專業特長爲富翁們創造財富。

如果你善於運用別人的學識、經驗和能力來爲自己服務，你就站在一個更高的起點上。艾迪·利肯貝克認為，他最大的個人資產是「能夠使別人樂於讓我運用他們的大腦」。這無疑是富翁們有效使用專業人才的一大秘訣。

通用電器公司就有過一次合理運用專業人才的事例。

查爾斯·史坦恩梅茲在電器方面是第一流的專家，但他偏偏擔任該公司計算部主任的職務。這位明星職員脾氣暴躁，對計算部主任的工作很不稱職，這讓公司十分為難。下一道免職令，解除他的職務吧！可公司又少不得這個電器專家。並且此人特別敏感，容易激動，搞不好就對公司造成不良影響。不解除他的職務吧，計算部的工作又運轉不靈，同樣對公司不利。於是，公司想出一個高招，給了他一個新頭銜，讓他擔任「通用電器公司顧問工程師」一職，既保住了他的面子，又能用其所長。同時，公司巧妙地讓另外一個合適的人擔任計算部的主任。如此，皆大歡喜。

日本的本田公司原本是一家小型的摩托車廠商，最終卻在日本國內的二〇四家摩托車廠商中脫穎而出，於一九六五年奪得日本第一和世界第一的桂冠，繼之又大踏步地向世界汽車市場挺進，其成功的重要原因之一，就是本田公司旗下網羅了一大批優秀的專業技術人才。

本田公司總裁本田宗一郎在經營摩托車和汽車時，非常重視招攬各方面的優秀人才。本田公司在美國開設海外廠時，就千方百計把當地的技術人才和管理人才招聘進廠，然後送他們到日本的本田總部進行一個半月至三個月的訓練，使他們熟悉本田的生產標準和管理程式。結果，這些美國人也可以生產出同樣水準的汽車來。這樣，本田公司在美國造汽車，既節約了龐大的運輸費用，又易於打開在當地的汽車銷路。

更爲重要的是，本田公司設有研究所，每年支出大批經費讓研究人員和設計人員進行新技術和新產品的研究開發，並視效益多少發給重獎。毫無疑問，不管怎樣發重獎，得獎者得到的只是極小利，而絕大部分的獲利則歸雇主所有。

韓國現代集團的首腦鄭周永，可以說是一個「外行」領導內行的典型。其用人之道，堪稱大手筆。

只有小學教育程度的鄭周永，出生於貧寒的農民家庭。他十六歲就離開家鄉，闖蕩天下，最終成爲世界矚目的超級大亨、財界巨頭。顯然，憑鄭周永的教育水準，他難以成爲土木工程、汽車製造，或船舶製造專家，但是他善於將那些擁有高深專業技術的人才延攬下來爲他工作，且最終使自己成爲億萬富翁。在此，僅舉其開發韓國小汽車的事例，即可見一斑。

一九六七年，在韓國建築業已獨領風騷、無人匹敵的現代集團，穩步向其他行業發展，與福特汽車合作，創立了「現代汽車」。

爲了開發自己的汽車產品，鄭周永於一九七三年年底毅然決定成立綜合性的大汽車廠，生產韓式小汽車。當時韓國根本沒有生產汽車的資金和技術，而且國內消費市場有限，年銷量還不到七千輛，外銷更是天方夜譚。因此，大多數人認爲鄭周永只是心血來潮，甚至有人不無諷刺地說：「你們公司造出汽車的話，人的手指頭都會冒煙。」鄭周永對這些冷嘲熱諷不屑一顧，信心毫不動搖。

但是，沒有技術怎樣製造車呢？鄭周永自有他的辦法。他大力引進世界先進的技術，還重金聘請了義大利的汽車設計師。僅用一年多的時間，就設計出了韓式小汽車——「小馬」，並很快投入大量生產。

從一九七六年起，「現代汽車」就佔據了韓國汽車市場的八〇%，並大量打入國際市場。到一九八二年，「現代汽車」已外銷到六十三個國家，使韓國一舉成爲世界排名第二十六位的汽車生產國。

當年那些譏諷鄭周永的人啞口無言了，鄭周永則得意地說：「指頭沒有冒煙，我的小汽車卻冒煙了。」

從以上事例中不難看出，那些博士級的專家們就其專業能力和水準來說，其雇主們絕對難以與之相比；他們能做的事，雇主們絕對做不下來。但是這種類型的專家只能為雇主貢獻自己的才智以換取一份較優厚的工資報酬，因為他們一旦踏入某某公司的旗下就職，便不可避免地掉入了職業的陷阱之中。

這些人在校時是優秀學生，自視為智力天才，他們往往覺得自己在專業上是無敵的，幻想自己優勢的智力將來會轉變成豐厚的收入和巨大的財富。但是他們沒有想到，一旦走入專家的道路，他們就會自覺或不自覺地把自己的能力發展限制在專業範圍，同時，他們所選擇的職業領域，充滿了太多有力的競爭者。而愈是人才泛濫，競爭愈是激烈，就愈需要付出更多的精力去加強自己在專業上的造詣，以更加努力工作來保住職位。如此一來，自然無暇顧及其他，也就更加難以形成富翁所需要的多方面素質和能力。

博士為富翁效命的現象說明，富翁不需要成為某行業的技術性專家，但他要會管理、領導、使用這些專家。這，也應該算是一種值得稱道的財富智力，一種善於揮舞經濟大棒的指揮才能。

多元智商與致富

眾多致富者的成功事實，證明以傳統的智商測驗來預測人生成就的做法已經徹底失敗了。因爲在致富者中，有相當部分人都是智商（ＩＱ）中等甚至偏低者，因此以智商高低來說明能否致富是沒有說服力的。

我們還是先來看看智商測驗到底是怎麼回事。

智商測驗最早起源於法國。一九〇四年，法國教育部委託許多心理學家、教育學者、醫學家組成了一個專門委員會，研究公立學校低能兒童的管理問題。比納是該委員會的成員之一，他主張用一種測驗方法來辨識那些有心理和智慧缺陷的兒童。他與另一位委員西蒙經過精心研究，於次年編製出了一套用來測量兒童智力的問卷。這就是世界上最早的智力測驗科學量表——比納—西蒙智力測驗問卷。

該量表引起了法國教育部的重視，並大力推廣。由此，智力測驗便開始被用來幫助預測兒童和學生的能力，檢驗他們在「智力」訓練中獲益的多少。不久，爲成人編製的智力測驗問卷也出現了，並在歐美迅速普及開來。

智力測驗量表有一套複雜的分類方法和必須遵循的一些編制原則，以及對年齡階段的精確劃分等。問題是，僅以受測者內心的認知活動來給其智力計分，從而以其高低來區分人的智力水準和聰明程度，這本身就是不盡可靠的，或者說是不盡科學、不盡合理的。姑且不論人的智力開發有早有遲的問題，就以智力測驗本身來說，由於其不可能將同樣影響人智力發展的個性、性格等因素統統包容在內，特別是將社會實踐性這個動態的因素也納入其中，故而測驗的結果，頂多表明受測者當時的某種知識水準。換句話說，就像學生的學習成績一樣，證明的只是你目前掌握了哪些知識、知識程度達到了什麼水準。至於今後出了社會將如何，那的確是很難說。

心理學家曾對伊利諾州一所中學一九八一年畢業的八十一名優秀畢業生進行追蹤研究。這些學生的平均智商居全校之冠，他們上大學後成績也都不錯，但是近三十歲時卻大都表現平平。中學畢業十年後，他們中間只有四分之一的人在本行業中達到同年齡的最高階層，而很多人的表現則遠遠不如同輩。這一研究的結果從不同角度說明了僅靠智力測驗結果預測未來發展，明顯缺乏有效性。

鑒於智力測驗的缺陷，心理學家們開始把眼光投向人的情感領域。他們認識到，只強調人腦的理性加工是不足以揭示人類千變萬化的心理世界的，情緒問題在進入八〇年代後受到普遍的重視。一九九〇年，耶魯大學的彼得·沙洛維教授和新罕布夏大學的約翰·梅耶教授正式提出「情緒智商ＥＱ」這一術語，並將其定義爲由三種能力組成的結構。這三種能力是：

一、準確評價和表達情緒的能力。

二、有效調節情緒的能力。

三、將情緒體驗運用於驅動、計劃和追求成功等動機和意志過程的能力。

此後，不斷有人對ＩＱ進行界定和詮釋，以使之更加完善，但其基本點仍不離情感對人的智慧影響和作用。如果說ＩＱ被用來預測一個人的學業成就，那麼ＥＱ分數則被認爲是預測一個人能否取得生涯成功的有效指針，能更準確反映個體的社會適應性。也正因爲如此，企業界及商界才對ＥＱ更爲關注，並將之運用到實際工作中。

新澤西州聰明工程師思想庫的AT&T貝爾實驗室中的一位經理，就結合情緒智商的有關理論，對手下工作績效最佳的職員進行分析。結果他發現，那些工作績效最好的人，確實不是所謂有最高智商的人，而是那些善於進行情緒傳遞並能得到回應的人。

的確，ＥＱ在致富者的成功因素中，明顯比ＩＱ佔有更加重要的地位。與那些社交能力差、性格孤僻的高智商者相比，富翁們大都性格開朗，擅長社交，能夠敏銳知覺他人情緒，並善於控制自己情緒。這對他們經營活動的成功，無疑是大有幫助的。

不可否認，ＥＱ的提出對智商的缺陷是一個重要的彌補，但同樣難以完滿解釋人的智慧結構，特別是活生生的人類智慧結構，高ＩＱ＋高ＥＱ者同樣可以「造就」出虛有其表、夸夸其談、一事無成的所謂「能人」。同時，ＥＱ在致富中的確有較爲重要的作用，但也只能將其視爲一個重要因素，不可過分誇大它的作用，因爲致富成功，是多種因素促成的結果。

事實上，人的智慧是多元化的，即使從靜態的角度來劃分，就有言語智力、數理邏輯智力、空間智力、音樂智力、體能智力、人際智力、自知智力等，如果再加上情感、性格等非智力因素的影響，以及人們在實踐方向的差異，人的智慧所呈現出來的便是一種極爲豐富多彩的形態。而人由於個體因素的差異，不可能在所有的智慧上都得到均衡的發展。個人智慧的發展，最終決定於自己所投入的社會活動，及所付出的精力。

俗話說「種瓜得瓜，種豆得豆」，此言一點不虛，你朝什麼方向去努力，就會得到什麼樣的收穫。經商理財是一項複雜的社會經濟活動，它需要人們多種智慧的熔鑄和整合，從而形成一種特殊的經營智慧和能力。從富翁業已成功的意義上說，將他們稱之爲商務天才，也未嘗不可。

窺探財富智商的臉譜

多元智慧的提出，爲我們答覆了富翁們在智力問題上的困惑，同時更奠定了完美解釋致富現象的基礎，欠缺的只是做出進一步的具體說明。

現在已有不少人都在試圖對富翁現象進行各種各樣的揭示，以引導人們走上致富之途。出版界不斷湧現出的所謂理財高招、致富秘訣之類的書籍，就可以說明這一現象。其中也不乏極具意義和思考價值的內容。

前面提到史坦利博士對富翁進行分析調查，其中就涉及到「百萬富翁成功的因素」。他所列出的三十項因素，應該說是比較全面的了。以下，按其在成功因素中的重要性依次排列：

1、眞誠地對待所有人。
2、有良好的教養。
3、能與人們和睦相處。
4、有配偶的支援。
5、比多數人更加努力工作。
6、熱愛自己的事業或生意。
7、具有很強的領導才能。
8、具有很強的競爭精神或性格。
9、很有組織性。
10、具有推銷自己思想、產品的能力。
11、進行明智的投資。
12、發現他人所沒有發現的機會。
13、當自己的老闆。
14、願意冒具有合理回報的經濟風險。

15、有良師益友。
16、渴求他人的尊重。
17、投資自己的生意。
18、找到有利可圖的合適位置。
19、具有超凡的精力。
20、身體健康。
21、有高智商或智力優勢。
22、有專門的才能。
23、進入一流的大學。
24、不理會惡意的批評。
25、量入爲出的生活消費。
26、有強烈的宗教信仰。
27、好運氣。
28、投資上市公司的股票。

29、具有優秀的投資顧問。

30、以班上的優等生或準優等生畢業。

當然，由富翁們自己認定的這些成功因素，無疑帶有個人色彩，其中的部分因素，我們也並不認爲具有普遍性，但從總體上看，特別是排列越前的選項，其可信度越是不容置疑。

研究如何致富而成功者，乃是開宗立學的「創富學」鼻祖卡耐基，及其後繼者第二代的希爾博士和第三代宗師史東，他們所揭示的系統化「成功」口訣，以及本身成功的歷程，都啓示著人們：致富學說確實是人們開發潛能、提高素質的有效途徑，是人們爭取成功、創造財富和實現自我的最佳法寶。拿破崙．希爾由一個一無所有的窮小子成爲巨富，克里蒙．史東從一個只有一百美元的年輕人搖身一變成爲擁有四億美元資產的富翁，這本身就是對「創富學」的證明。

夠了，不用再多說什麼了，因爲似乎已說得越來越玄奧，越來越學理化，研究如何致富好像被搞成了一門艱深的學問。其實大家不要擔心，學問家們如果要研究學問，盡可以把它學術化、理論化，但我們所要談的只是經驗，且把實戰擺在第一要義。

我們認爲，理財致富應該是一種集觀念、素質、行爲爲一體的完整創造性活動。也正是在這樣的基點上，我們把富翁們在理財致富的經營活動中所表現出來的智慧和能力，統稱爲——財富智商！

這裡的「智商」，不能簡單地以傳統方式，即透過所謂的智力測驗所獲得的智力商數來看待，在此只是借用這個名稱而已，其質和內涵已發生了根本的變化。它不再是那種單純而靜態的智力標誌，而是一種複合的、動態的、外顯的能力。如果說要爲財富智商下個定義的話，我們可以扼要做出這樣的描述：

財富智商是人們的多種智慧和個性品質在理財素質上的綜合體，並透過實際的經濟經營活動所顯示出來的、致富的智慧和能力。

它包含如下三個層面的內容：

1、財富（金錢）觀念。

2、財富素質。

3、財富創造。

三者之間，財富觀念是動力和基礎，沒有財富觀念，或者說沒有樹立正確的財富觀念，我們就有可能對致富之路缺乏信心，或者走之不遠就停滯不前，甚至倒退回來。財富觀念是支撐我們堅定不移地奔向致富巔峰的基石。而財富素質則是我們在經營活動中必須具備的個性品質、商業知識、文化知識等方面的修爲和能力，這是理財致富成功的基本保證。至於財富創造，顯然，它是一種實踐行爲，它將財富觀念和財富素質創造性地融入實際經營活動，使財富的積聚在智慧的閃光中轉化爲現實。這是理財致富最根本的前提，也是其靈魂所在。

總括而言，這是一個實踐的、行動的財富智慧，它強調的是一種活動中的理財致富能力，否則，它就只能是一堆僵死的無用之物。

看看你的財富之水有多深？

在芸芸眾生中，上智與下愚兼有之。人的聰明才智與能力，眞的有高下之別，而這樣的差異往往又與一個人的成敗大有關係。

因爲科學的繁榮與進步，人的聰明才智已經可以透過客觀的方法測量出來，這就是我們一般俗稱的「智商」。只是，社會分工愈分愈細，加上身處知識爆炸時代，很少人能夠

眞正做到無所不知，無所不曉，或無所不能。幾乎所有的人都是在自己專精的領域尋求出人頭地的機會。

一般而言，事業有成的人都具備廣泛的經濟和商業知識。根據美國專家的測驗，證明了理財相關知識越廣泛，收入有越高的傾向。想不想知道自己的理財知識有多豐富？試試這個「金錢智商」測驗。

下列的測驗題都是選擇題，請選出你認為正確的答案，然後根據標準答案計分。

（　）1、目前流通的新台幣最高面額是：

①二〇〇元 ②五〇〇元 ③一〇〇〇元 ④二〇〇〇元

（　）2、複利是指：

①你的各種賬戶所賺得的利息總和

②本金所賺的利息再加入本金賺取利息

③儲蓄賬戶扣除稅額後的利息

④現金存款的利息，而非支票存款的利息

（　）3、目前在市面上流通的硬幣有幾種？

①四種 ②五種 ③六種 ④七種

（ ）4、公司要繼續營業必須把哪一種成本計算在內？

①不變成本 ②變動成本 ③總成本 ④固定成本

（ ）5、當利率上升時，通常公司債券的價值會怎麼樣？

①下跌 ②上漲 ③不變 ④兩者並不相關

（ ）6、因企業、勞動力、土地和資本所獲取的收入總額稱爲：

①總收入 ②國民生產總值 ③國民收入 ④拉弗曲線

（ ）7、哪一種鈔票的背面印有紅葉棒球隊？

①一〇〇元 ②二〇〇〇元 ③五〇〇元 ④一〇〇〇元

（ ）8、新版一〇〇〇元新台幣背面印有：

①櫻花鉤吻鮭

②帝雉

③台灣黑熊

④大象林旺

（　）9、你的淨值是指：

①你持有的股票現有價值

②你的資產和負債的差額

③你的土地、房子和車子等財產的價格

④你要投資股票所需的錢

（　）10、美國在哪一年正式放棄以「金本位」作爲美金發行依據的價值標準？

①一九七一年 ②一九四一年 ③一九三三年 ④一九二九

（　）11、信託是指什麼？

①彼此信託的俱樂部會員之特種基金

②一種遺囑

③向可信賴的朋友購置財產的同意書

④爲某人設立，由第三者經營的財產或金錢

（　）12、一家公司將股票到證券交易所掛牌，讓投資人可以競價公開買賣，叫做：

①壟斷 ②發行股票 ③增資 ④公開上市

（　）13、把錢放在銀行或其他類似性質的金融機構，所定期獲得的利潤叫做：

①資金　②股利　③利息　④租金

（　）14、負債減去信用等於：

①尚欠款項　②手續費　③已付款項　④信用額度

（　）15、如果某甲公司的股票一股賣二十二．五元，而某乙公司的股票一股賣三十八元，哪一種股票比較便宜？

①股票甲

②股票乙

③股票甲事實上與股票乙價值相等

④沒有足夠的資料判斷哪一種股票便宜

（　）16、世界最大的企業（以銷售收入排名）是：

①埃索石油公司

②日本電訊（NEC）

③本田汽車

④通用汽車（GM）

（　）17、所謂「保費」是指：

①買保險時應繳的手續費

②死亡時保險公司償付的錢

③保證金

④買保險時，應繳納的保險費用

（　）18、Mini信用卡是由下列哪家銀行發行的：

①花旗銀行 ②中國信託 ③富邦銀行 ④第一銀行

（　）19、英文one billion指多少錢？

①十億 ②一億 ③一千萬 ④一百萬

（　）20、投資合作（Joint Venture）是指：

①一種有限合夥

②可協定的工具

③一種經營者和出資者共同享有所有權，並分擔責任的企業組織

④一種國際貿易協定

（　）21、投資或借貸的實際總額叫做：

①利息 ②股利 ③呆賬 ④本金

（　）22、下列哪種屬於不動產？

①汽車 ②銀行存款 ③自用住宅

【答案】

1、④ 6、③ 11、④ 16、① 21、④

2、② 7、③ 12、④ 17、④ 22、③

3、③ 8、② 13、③ 18、② 23、②

4、② 9、② 14、① 19、①

5、① 10、① 15、④ 20、③

請將你的答案對照標準答案，每答對一題得一分，答錯或未答不給分，請算出總分。

0～8分：得分很低

9～13分：得分低

14～17分：得分中等

18～20分：得分高

21～23分：得分很高

〔解釋與說明〕

錢財的管理對每種人都很重要，因此具備金融知識是必要的。你能具備多少這方面的知識，攸關你的「錢途」好壞。你知道錢怎麼在經濟系統中活動，就能妥善利用這個系統為你謀求「錢途」。當你必須有所冒險時，金融知識會帶給你信心，讓你有安全感，這些都是成功所必須具備的。

根據統計，在美國接受這一測試的企管碩士中，得分高的人在其他相關的智慧方面也較優異，他們對金融財務術語瞭解很多，處理數字的能力也很好。他們的智慧讓他們充滿自信，比起其他得分較低者，比較不擔心工作競爭。

好的智力測驗，應該能評估受試者在一定時間內完成一定量題目的能力。本測驗並無時間限制，因爲無法完全做到對受試者的時間控制，所以無法正確比較出兩個得分相同或相近的人，哪一個較有理財知識。不過根據國外測驗結果，這個測驗的確是測量你所具備金融知識的好工具。不管你得分多少，你該重視的不是得分高低，而是日後的自我教育。得分高固然可喜，但仍應再接再勵；得分低不要氣餒，測驗中的每一道題都是透過學習知道的。聞道有先後，任何時候都來得及做補救功夫。要發財，要成功，知識就是力量。

以下是得分的分組與成就的關係：

得分很低和得分低者　若以個人達到成功所需具備的智慧而言，是相當不利的。一個人的智慧和生活中的許多事物成敗有關，同樣的，理財智慧也與財務成功相關。在前述參加測驗的企管碩士中，得分落於本組者，其他相關測驗（如金融辭彙、商用數學）也表現不佳。他們比較沒有安全感，較少接觸外界資訊，而在企業界，資訊就是資產。

不過，得分低並不是一件必須令人垂頭喪氣的壞事。因爲所有知識都可以透過學習得來。如果你得分落在本組，只要你願意稍加努力，就可增進不少知識。像訂一本財經或理財雜誌，可能就可以提升不少分數，積極的行動也可以彌補由於資訊不充分而帶來的不安全感，減輕你攀爬成功山峰的負擔，現在就開始行動吧！

得分中等者　這種人有足夠的理財知識，但可能無法像他們所希望的那麼成功或有知識。如果你得分落在本組，你已有很好的基礎可以加強金融智慧。概括測驗結果，成績表現中等的碩士班學生均落在本組，如果要更成功，表現更好，還有待努力。多讀些財經雜誌、專業報紙和有關書籍。當然，可以增加一般常識的書刊也該涉略，畢竟人的智力是各方面的綜合表現。

得分高和得分很高者　對金錢和財務瞭解透徹，如果他們聰明，就會好好利用這些知識，在前述的企管碩士中，得分落在本組的人過去的收入比其他組都高，在其他商業智力的測驗得分也最高。如果你得分落在本組，你的金融財務知識已保證你在商業界或個人理財方面大有可為。

二、你往何處去

大文豪托爾斯泰說：「沒有理想，就沒有堅定的方向。」方向是致富的核心。當你擁有了夢想，你就要選定自己主攻的方向，然後把你的夢想拆解成明確的階段目標，以一系列容易實現的步驟讓它們明白可見。把這些目標都寫在紙上，放到你每天抬頭可見的地方。和那些眞心給你建議、幫助你的人分享你的想法。與他們交談，請教實現目標的方法。這些行動都會讓你的夢想逐步實現，而不僅僅是埋在心裡過不多久就完全忘記。

許多人都在選擇方向時倒了下去。他們不清楚自己到底要些什麼。沒有方向，一個人很可能讓機會溜走，讓生活隨便賜予。不過，生活以這種方式帶來的禮物，很少會是你追求的富裕。所以你要爲自己設計清晰的目標，有了明確的目標，才會有美好的未來！

目標給了你專注和方向，許多困難的事情因爲心中有目標而變得容易。沒有目標，你不知道所需爲何。

有些人把大量的時間花在查看貨單上，卻從不考慮他們生活的目標。這眞是悲哀。設

定目標，之後達成它，這是一種熱情有勁的生活。想想那些渾渾噩噩的人，看看那些目標層出不窮，從沒有固定下來的人，再看看勞碌一生、一無所獲的人，你就會承認我說的有道理。

選擇自己熟悉的行業

在通常情況下，不熟不做，這是生意人最基本的一條原則。許多富翁的發跡史，都是從自己從事多年的行業中拚殺出來的。福勒之於肥皂業、皮爾・卡登之於服裝業、鄭周永之於建築業、胡雅特之於旅館業、華納馬之於百貨業……凡此等等，皆是先入於其行業之中而後獨立。的確，各行各業皆有其自身的特點、業務關係和人際關係網，這都可以成為創業者累積的無形「資產」，若善加利用，自然能成為對自己有力的支援和幫助。反之，面對自己毫不熟悉的行業，不用說初闖商場的新手，即使是成熟的企業家，也難免會出現問題。

著名的美孚石油公司在二十世紀八〇年代初曾進行過一次多元化經營的擴張，他們率先進入百貨業，經營了一家馬克百貨公司。但這些石油商們根本不懂得怎樣經營零售業，其結局可想而知，以慘重的失敗收場。

以經營保險業務爲基礎的泛美集團，曾因介入離本行相去甚遠的業務而吃過大虧。該集團經營聯美影業公司，不客氣地說，眞叫做吃錯了藥。影視業是個極特殊的行業，不僅集聲、光、色、電等技術和文學藝術於一身，且牽涉導、演等複雜的人事問題，還涉及到觀眾的口味及票房價值，不耗費時日深入瞭解，並擁有一批內行的經營管理人才，實在是難以成功。泛美集團顯然無此經營實力，失敗亦屬必然。

由上可見，創業者選擇熟悉行業來經營，實在極有必要。當然，熟悉行業並非一定要透過親身實務的長期經營才能做到，其他途徑也可達到這個目的。華勒斯的創業，就與家庭有莫大關係。

美國人華勒斯的父親開辦了一家農業書籍出版社，這使他與出版業結下了不解之緣。從小耳濡目染，自然受到很大的影響。

後來，華勒斯考入大學，但他尙未畢業便輟學回家，幫忙父親的出版社。

不久，第一次世界大戰爆發，華勒斯應徵入伍，隨部隊來到法國。有一次他受了傷，住在一家醫院治療。躺在醫院裡無聊，他悶得發慌之餘，就把那些他帶入軍中的雜誌拿出來重新翻閱。

雜誌中有些文章特別生動有趣，翻著翻著，華勒斯猛然冒出一個念頭：如果把這些文章摘錄下來，彙集成冊，專門刊登第一流的好文章摘要，一定很暢銷。

彙集精萃而成書，這在當時的確是一個了不起的金點子，也只有懂得出版的華勒斯才能有此「奇想」。

於是，華勒斯馬上動手，將這些雜誌中有趣而又有實用價值的部分摘錄下來，分類進行重新組合，使之形成簡潔、生動、有趣的文摘刊物。

華勒斯傷癒退役返回家鄉後，一面幫助父親做出版工作，一面到圖書館去尋找雜誌，籌劃他的出版事業。華勒斯不停地翻閱著以前的舊雜誌和新發行的雜誌，把有趣的、有價值的而又不容易看膩的部分，統統都摘錄下來。

一九二〇年一月，華勒斯將他收錄的三十一篇文章編入了《讀者文摘》第一期，這期只印了兩千份，目的是測試讀者的反應。誰知發行之後，《讀者文摘》立即得到廣大讀者的歡迎，郵訂量大增。華勒斯創業的第一炮，就這樣順利打響了。

從華勒斯的成功不難看出，在熟悉的行業中，創業者施展拳腳的天地寬廣得多，熟門熟路、熟人熟客，幹起來既有主意，又少費周章。

我們之所以建議未來的老闆們選擇屬意的行業先進去學習，爲的就是熟悉該行業，以便進一步圖謀發展。要明白，隔行如隔山，這一句話雖不一定全對，但也不無道理，至少，行業性的諸多狀況，是需要花費時間和精力去瞭解的。而人的精力和時間有限，不容隨意浪費，先入行熟悉實務，也就大有必要。

總而言之，以熟悉該行業做爲創業者擇業的一個準則，是應該堅持的。

選擇與自己所長相關的行業

人有所短，也必有所長，這是在每個人身上都存在的共同現象。你想過自己有什麼長處嗎？如果你是個創業者，你考慮過將自己的長處和選擇行業結合起來嗎？

成功學始祖拿破崙・希爾有一個成功的指導範例。多年前，一名退伍軍人慕名來找拿破崙・希爾。此人看上去精神不振，模樣十分落魄。他說他原來也有一個夢，「想成爲一個百萬富翁」，但是現在卻仍一無所有，非常失望。

他說：「我只想找一份工作，一份能糊口的工作。」這個人的鬥志已經被挫折消磨掉了，要求是那樣的低。希爾說：「我可以使你成爲百萬富翁。」他一下子呆了，完全不相信希爾說的話，還以爲在開他的玩笑。希爾鄭重地問：「你以前學過什麼？」「我有健康的身體，還有一身破爛的衣服，除此之外，一無所有。對了，入伍前，我學過烹飪，有一手好廚藝。」他回答。「足夠了。」希爾說，「你不光有健康的體魄，你還有一門手藝，最重要的是你得樹立積極的進取心，這是你一筆巨大的無形資產，你爲什麼不運用銷售技巧，去說服家庭主婦，買你的烹調器具。」「這個，可以嗎？它可以掙到一百萬嗎？太不可思議了。」「什麼事情都有可能發生，不怕你做不到，就怕你想不到。」希爾借給他足夠的錢，讓他去買了像樣的衣服，然後放手去做烹調器具的買賣。

第一個星期，他賺了一百美元。然後，他透過業務培訓，開始大規模經營。結果不到四年，他就眞的掙到了自己的第一個一百萬美元。

這確實有點奇妙，希爾的點化之術，將一無所有者「變」爲百萬富翁，可謂起死回生。其中一個重要的因素，就是退伍軍人有一手好廚藝。其實，既有廚藝之長，經營飯館也是順理成章之事，但希爾沒有將之直接結合，而是把相關的烹調器具買賣結合起來，竟發揮了水到渠成的功效。請想想，精通廚藝者推銷廚具，恐怕比生產廠家對廚具的性能、功效，乃至作用等說得還要精闢，倘若再將廚藝上的高招貫穿其間，家庭主婦們不買都難。此一長處用於擇業，可說恰到好處。諸如此類事例，商界並不鮮見。

因此，創業者在選擇經營行業之時，若能將自身的長處考慮進去，將二者有機地結合起來，必然會增強自己在經營上的優勢，收到良好效果。

選擇自己有興趣的行業

興趣、喜好，都是人的內在心理動力，其傾向程度越高、越強烈，動力就越強大，而具有長期的持久性。

從經營理財的角度看，成功與興趣、喜好的關係是極爲重要的，人對於自己有興趣的行業，無疑會傾其身心投入其中，熱愛它、關心它、耕耘它，而此方面的知識、能力、經驗等的自我累積，必然極爲豐厚。

我們經常可以看到，孩子對某種事物發生濃厚興趣時，便能發揮出他超常的能力。有的小孩特別喜歡機械類的東西，見到一個從未見過的大型玩具車，其結構儘管複雜，但他可以拆裝自如；而對從未摸過的收錄音機、電視機、電腦之類的玩意兒，玩弄幾番之後亦能還原。這些，其實都是因興趣所至，便對此類事物有了特殊的敏感，他的大腦神經也處在積極、亢奮的狀態之中。

此種現象對經營者來說，亦具有同樣的功效，興趣和喜好促使他們自身的深厚累積，更使他們對行業中的所有事物保持著特殊的敏感，從而創造出新奇、驚人的成績。理查德可視爲一個典型。

理查德先生多次談到自己的成功之道：「如果你喜歡，而且是絕對地喜歡你所做的，你成功的機會就越大。」

理查德喜歡汽車和那個行業裡的人們，也喜歡他的工作。現在，他已成爲中古車零件業的巨頭。

他曾爲一家大型汽車製造與銷售公司工作了五年，結果掙到的錢僅夠維持家庭的生活開支。他與妻子都相當節儉，總希望有一天能在經濟上獨立自主。但是他非常明白，僅靠他當時受人雇用的收入，不可能當上富翁。

後來，工作中發生了一些有趣的事，引起理查德的關心。他回憶說：「我一直在爲懷特汽車公司效力（當總經理助理）。我的老闆要我把一輛已報廢的汽車賣給一位舊貨推銷商，售價五百美元。大約兩周後，老闆又找到那位舊貨推銷商。我們要向他買一具引擎。那位舊貨推銷商從我們在兩周前賣給他的那輛車裡拆下引擎，賣給我們，開價五百美元，而且還要我們替換上另一具引擎。」

理查德馬上在腦子裡算起來。他想，這輛車上還有其他許多零件都有價值，事實上，如果把售價五百美元的那輛舊車拆成零件來賣，價錢可增至五到十倍。這真是一種獲利不菲的買賣。他直覺地意識到，巨大的商機就在這種舊貨生意之中。

他看著那個傢伙所開的發票，自言自語說：「這個傢伙白賺了變速器、輪胎、車門、水箱，還有我們替換上的引擎。我們在兩周前賣給他的整輛車才值五百美元，他現在只賣給我們一個發動機就要收五百美元。這個傢伙賺了大錢。」

理查德後來指出，他是「偶爾碰見一個大機會」的。其實，機會也要人去發現。理查德熱愛汽車業，所以他的發現並不只是一個隨機的偶然事件，其間蘊含著一種必然性——他在一個他所喜歡的行業裡找到了一個非常合適的位置，做舊車零件生意。

很有意思的是，理查德在發現舊車零件的潛在利潤而自己開業後，他購買的第一輛報廢車也是花了五百美元。他把車拆成零件零賣，最後賣得了原投資七倍的價錢。

買進報廢車，拆卸之後推銷零件，說來是樁簡單的生意，然而也是一樁利潤相當可觀的生意。在許多人的頭腦中，舊車零件不過就是一堆舊貨罷了，而對理查德來說，這些舊貨就是他的財富。開業之後，理查德從舊貨車零件中賺了大錢。今天，他的淨資產已接近八位數。最近，他個人每年的純收入就超過七十萬美元。

從自己有興趣、喜好的角度去選擇經營行業，這對創業者來說無疑是一個很有價值的思路。把個人的興趣、愛好和工作有機地結合起來，可以視爲人生完美的結果。

把興趣、愛好貫注到工作、事業之中，而工作、事業也因爲興趣、愛好而變得更加可愛，創業者的主動性、積極性將會得到最大程度的發揮，由此而萌發的個人智慧是創造財富極爲強大的爆發力。

而萬一創業者對所選行業並無興趣，那也是可以培養的。道理說來也很簡單，既然你進入某一行業，而公司也是自己所創，不對之發生興趣，不去喜歡，無論從哪個角度都講不過去。

興趣、喜好首先應是選擇經營行業的必須，但無論怎樣選定的行業，一旦進入，興趣與喜好歡就成爲創業者對自己的一種基本要求。

摸索自己適合的行業

古往今來的詩人們，常爲尋找一個貼切、精彩的句子或一個詞來表達自己的思想情感，輾轉反側，冥思苦想，弄得人瘦衣寬，幾日或數月方得，眞可謂嘔心瀝血。而不少創業者爲尋找適合自己的行業，與詩人們也頗有相似之處，做得極爲辛苦。

是的，人與人不同。每個人都有自己在個性、經歷、教育程度等方面的特點，創業者也同樣如此。

創業者的多樣性和行業的多樣性必然產生出無數個組合。這些組合因人不同，又必然有高下優劣之分。因此，如何尋找到最適合創業者自己的行業或工作，自然成爲創業者的課題。

丹就是一個典型的「尋找」者。

在找到自己的理想職業之前，丹曾經做過九份工作。發人深省的是，同樣是這個丹，最後那份職業的成功與前面的工作形成了鮮明對比。丹在此之前都是因爲工作表現很差而遭人解雇的。由此證明，創業者的確有選擇合適的行業或工作的必要。

讓我們來看看丹在此前都做了些什麼工作。

第一份工作——

丹從一流的商學院獲得銷售學位後，在一家批發計算器和電子錶的公司找到了一份工作。「我似乎還沒有找到竅門，銷售業績慘淡。兩年後，我被要求辭職了。」

第二份工作——

之後，丹又在一家大型電子遊戲機製造商那裡找到了工作，但是，「我還是沒能找到銷售的竅門，大約一年半後，他們要我走人」。

第三份工作——

丹受雇於一家新開業的電腦公司，因爲「九個月沒賣出一台電腦」，又被辭退了。

第四份工作——

一家小型電腦公司雇用了丹。他仍沒有賣出多少產品。這次更慘，只做了幾個月便又被解雇。

第五份工作——

同樣還是在一家電腦公司。丹由於沒有達到公司規定的銷售定額，又被要求辭職。

第六份工作——

這回，丹的業績很不錯。可惜機遇不好，九個月後，公司因資金缺乏而倒閉。

第七份工作——

丹在一家新開業的電腦公司裡謀得了一個銷售經理的職位。「起初，每年只賺四．五萬美元，直到最近，我賺到了二十萬美元！但隨後市場疲軟，公司倒閉。」

第八份工作——

丹進入一家生產掃描器的公司，由於缺乏表現而被解雇。

歷經周折之後，七年前，他找到了唯一適合他才能的工作——專業行銷員。

大家不要誤會，這個職業遠不只是他以前所做的推銷，二者有很大的區別。專業行銷員不僅要求業績表現，而且還要制定周密的銷售計劃，瞭解每一客戶不同的需要，準備詳細的工作步驟，最重要的是開創鉅額利潤。

同時，丹在開展生意上有許多的自主權，頗有點代理商的味道，與雇員型的推銷員大不相同。

丹一簽下他的第九份工作，就發現以前的工作並不適合他。以前的工作純粹只是推銷，而丹是一個有想法的人，不是一個單純的推銷員，所以不能夠盡情地發揮自己的才幹。最成功的專業行銷員是那種能盡最大主動性開發未來客戶的人，而丹就是這樣的專業行銷員。

丹遠不止是一個戰略策劃人，他有非凡的才能，能夠揭示許多市場機會，並從這些機會中獲得幾百萬的回報。他意識到，電腦行業能給予一流的市場銷售員以很大的機會。然而，這個行業所涉及的種類太多，就像在一家大旅館找某人的房間，丹雖然有大旅館的地址，但不知道房間號碼。於是，在電腦銷售行業中，丹開始尋找公司、產品和市場的理想組合，成了一名具有許多高超操作技巧的專業銷售員。

在此，我們只觀其一次操作績效，便足以窺其全貌：「去年十二月，我已經工作了五年，從沒收到過霍姆．迪波特公司的任何訂單。這次，我與霍姆．迪波特公司簽訂了三五〇〇萬美元的合約，賣了六千台手提電腦給他們，我得到的傭金是一〇〇．三萬美元。」

這就是找對工作所創造的奇蹟，一位由於不能達到銷售目標而多次被解雇的人，居然搖身一變，成爲美國最有成就的有錢人之一。

確實，選對適合自己的行業，也就意味著找到了一個最能發揮自己才幹、智慧的園地，從而能在這一行業中獲得最大的成功。

然而，並非人人都能清楚明白自己的能力，何況潛藏在每個人身上的巨大能量，沒有相應的事物激發，更是難以覺察；另一方面，各行業有不同的要求，而何種類型、何種才幹的人更能於其中得到最大限度的發揮，這是需要從實踐中求證的。

因此，創業者不妨拿出苦幹的精神來，像丹那樣，以身試業。丹說得好：「我不停地尋找了七年……我是一個很好的尋求者，不停在實際工作中尋找機會……」我們相信，每個創業者都會有最適合自己的行業，只要你耐心尋找。尋找到適合自己的行業，必有厚報。

第三章

你就是撬動自己財富世界的支點

一、每個人都是自己的投資家

當我們還是孩子的時候，我們的父母就知道應該把我們送到學校去。這也是一種投資，他們知道，只有接受了良好的教育，我們將來才可能有更好的發展、更好的工作、更高的薪水、更大的成就。

在大學裡，一些學生把省吃儉用的錢拿來「充電」。他們知道，這對將來走向社會有好處。工作之後，一些人開始攢錢，另一些人把錢用於投資，而不是一下子全花掉。他們也知道，沒有現在的準備，將來也許會露宿街頭。

投資，有兩種基本形態，一種是對自己能力的投資，另一種是用錢來賺錢。經濟學家們認爲，決定投資的主要因素是：收益、成本和預期。也就是說，進行投資時，需要考慮投資所得、付出的本錢和對投資的信心。當投資所得豐厚、付出的成本小，並對投資有信心時，人們的投資願望會很強烈。

前一種投資大家都習以爲常，很多人都身體力行，所以這個世界上到處都是才華橫溢的人。但後一種投資——讓錢生錢，並未引起大多數人足夠的重視，所以這個世界上到處都是有才華的窮人。

事實上，用錢來賺錢，也就是投資致富，是許多聰明人的選擇。舉個例子來說。如果你一九六九年把一萬美元交給一個叫喬治·索羅斯的人，那麼到一九八八年，你就可以拿到二百八十萬美元！而在這期間，你無需替人工作，無需忍受老闆的臉色，也無需爲複雜的人際關係所苦。

這就是投資的魅力所在。我們每個人都是自己的投資家，你的投資決定你的一生。而是不是會投資，卻完全在於自我的塑造能力。請看下面一則故事。

一座山上有兩顆一模一樣的石頭。三年後，一頭石頭成了佛像，受萬人敬仰；而另一個石頭被胡亂刻了幾下，丟在垃圾堆裡。垃圾石頭就去找佛像石頭，說：「老兄阿，你可還記得三年前我們一摸一樣，沒有任何區別，而現在卻千差萬別。你說老天是不是很不公平？」佛像石頭說：「老兄啊，你只記得三年前我們一模一樣，就忘了三年前來了一位雕刻家。當時你怕疼怕苦，要他隨便刻一下算了。而那個時候，我想到了我的未來，五十年後、一百年後的我，所以我求他，不管我多疼多苦，也要他盡力把我雕成精品。所以呢，你我今天的區別是理所當然的。」

善於投資就像是自己願意塑造自己一樣，如果你不願意雕刻自己成爲精品，你就會永遠都是一塊平凡無奇的石頭。那麼，我們應該如何雕刻自己呢？

投資箴言一：選擇自己的跑道

從某種意義上說，財富的增長就是一種金錢數字從小到大的運動。

由於人與人之間多方面的差異，不同的人所設定的財富目標是有差別的：一百萬、五百萬、一千萬、兩千萬、億萬……即使是這之中最低的目標，也是可以稱爲富翁的。然而，不管這些金錢數目是多是少，它總是一個有形的具體目標，使你看得見、摸得著。你所取得的成績或存在的差距，對你本人來說，都能在正確的致富理想支配下，成爲反省工作成效的依據，從而激發你更大的激情和鬥志，繼續努力。具體說來，這種數字化的目標，具有如下幾種功用。

目標使你永不偏離航向

人生如果沒有目標，無異於漂流在水中的浮萍，永遠只能隨風飄蕩，到頭來終究一事無成。而有人生目標的人，則猶如一艘加足了馬力的航船，會始終朝著自己既定的目標破浪前行，這無疑會大大增加你成功的機會。貿易界巨頭J．C．賓尼說得好：「一個心中有目標的普通員工，會成爲創造歷史的人；一個心中沒有目標的人，只能是個平凡的員工。」快快登上你的致富航船，不管左轉舵、右轉舵，目標只有一個——到達你的黃金彼岸。

目標有助於你制定方略

既有目標，就要有實現目標的方略，要想制訂一條通向黃金彼岸的航海圖，你首先得有明確的目的地，也就是目標。十八世紀的發明家、政治家佛蘭克林在其自傳曾寫道：「我總認爲一個能力很一般的人，如果有個好計劃，是可以大有作爲的。」所以，目標的確立，可以幫助我們在事前做好諸多的謀劃，同時促使我們把要完成的任務分解成可行的先後步驟，以便逐步予以實現。

目標激勵你的鬥志

定下目標之後，它就會在兩個方面發生作用：一是給了你今後努力的依據，一是鞭策和督促你。目標給了你一個看得見的箭靶，它會不斷激勵你的鬥志，朝著它發射出一支又一支的箭矢，你越接近這個目標，就越會有成就感；越有成就感，你就越發加緊地「練習」，直到射中它。在致富的意義上，「練習」的過程，實際上就是你不斷積聚財富的過程。

目標促使你發揮潛能

無數科學研究和社會實踐的事實表明：人身上蘊藏著巨大的潛能，一旦發掘出來，就會產生無比強大的力量。對於沒有目標的人來說，他們只忙於做一些簡單容易的小事情，無需動用更多的能量便足以完成，他們身上潛藏著的巨大力量完全被淹沒在那些整天都纏繞著他們不放的小事情。而確立了遠大目標的人，則必須動員身上的每一個細胞、每一根神經，集中全部精力，去對付各方面出現的問題。這樣，你身上的潛能就會一點一點地得到開掘，展示出它的巨大威力。當你的致富目標得以實現之日，你會驚訝地發現，自己竟然也是一個了不起的人、一個多麼有能力的人。

目標使你關注企業利潤

「在商言商」，開公司、發展企業，固然可以產生多種效益，但經濟效益卻是其中最重要的。拿破崙有句名言：「不想當元帥的士兵，絕不是一個好士兵。」

在這裡借用其意，也可以化爲：「不想賺錢的商人，絕不是一個好商人。」當然，不想賺錢的商人恐怕是沒有的，但只求能把生意做起來的商人並不是沒有。因此，致富目標的確立，可以使你更加關注企業的效益，因爲目標的實現，有賴不斷增長的財富數字，而不是停滯不動，甚至減少。在這裡，企業經營好壞的衡量標準，不是你做了多少艱苦的、繁重的工作，而是工作的實效，也就是你實實在在賺了多少錢。

目標幫助你把握好現在

「把握現在，展望將來」，這是人們慣常以今天來推測明天的思維方式。在這裡，我想說的是「牢記將來，把握現在」。因爲目標是未來的，只有在將來才能實現，但目標的實現，卻又是以無數個今天的努力連接而成。如此，目標就具有指路明燈的含義，還承載著組合一個又一個「現在」的功能，它促使你、幫助你在目標的指引和統率下，清醒地把握住每一個「現在」，不放過任何一次成功的機會。

目標使你擺脫瑣務

福爾摩斯的記憶天才在辦案中表露無遺，別人記不得的事他都能記得。有人請教他：「你的記憶爲什麼這樣好？」福爾摩斯回答得很妙：「我只記住我該記的。」確立目標最大的，就是如福爾摩斯一樣，「只做你自己該做的」，從而使你擺脫日常雜務的糾纏，集中精力做有益於實現目標的大事、要事。一般人什麼事都想記住，結果該記的沒記住，換句話說，「該做」的沒做，卻反而陷入了日常瑣事的泥淖中，不分大事小事，不分輕重緩急，鬍子眉毛一把抓，那就眞是糟透了。有所做而有所不做，這是做大事的人、能夠實現目標的人的行事風格。

目標是評估進展的依據

有了目標，千萬不要把它束之高閣，像個藝術品那樣，只是美美地賞玩一番便完了。目標不是擺設，它本身就是一個評估業績進展的依據，因此，它也就具有了自我評比的重要功能。目標是一個具體的金錢數目，它可以按照增長的比率分割成若干個時段，而每一時段所完成的數目，都會明白無誤地告訴你：是否完成？超額多少？抑或沒有完成，差了多少？這樣，你隨時都可檢視自己的業績與你所要實現的目標之間的距離，不斷總結經驗和教訓，以利下一階段的再經營。

目標使你把握未來

把握現在，是爲了更好的將來；而把握將來，則是爲了有利於現在。你致富的目標是你金錢的數目，而創辦公司的目的，自然不僅是爲了這個公司本身，或者爲了你所從事的某個行業、某種經營業務，這一切，都只是你獲得財富目標的手段。在這個目標之下，你的現有資產（包括你的公司和自己擁有的資金）就具備了無限發展的空間，把握好公司發展，進行多元化的經營，以利於目標的實現。這樣，你就不會因爲沒有一個明確的金錢數字目標而躺在公司的既有成績上吃老本，不圖進取。

規劃你的財富階梯

一般說來，目標的設立有長期、中期、短期的區別，換個方式，也可說是大、中、小目標。這些目標分別具有不同的意義和功用。

籠統而言，長期的目標必定大一些，千萬不能過小。人們往往在感覺良好時擴大目標，在低谷時調低目標。但我們的潛意識卻喜歡恒定和持續的運動，因此應該盡可能不去變更你的長遠目標。目標越大，越沒有必要進行經常性的修改。也許你已經問過自己：我們應當樹立空中樓閣似的大目標，還是務實的小目標呢？我認爲大目標比小目標更爲現實，這是爲什麼呢？

如果你爲自己樹立一個小目標，一旦在你和目標之間出現障礙時，你的視線就會被阻斷。

此時，如果你朝目標的方向望去，則因看到的全是問題而失去了目標。無論何時，只要我們的目光無法校準目標，就會產生懷疑和動搖。你知道很多人是怎麼對付這種局面的嗎？他們不再追求既定同標，而是為自己尋找一個新目標。

當然，在你和新目標之間有一天也會出現問題。為了迴避問題，你有可能再次尋找一個新目標。與此相反，連接大目標的視線不會被問題完全遮擋，你仍然知道何去何從。

設定大目標還有其他好處：大目標有助於我們提高把握機會的能力。人們往往只對產生具體利益的事物感興趣。因此，大目標能夠擴展我們的興趣範圍，有利於我們發現更多的機會，結識更多的新人。

許多富翁很早就立下雄心壯志。問題與目標總會形成一定的關係。目標大，問題反而相對較小，即使問題看起來是那麼困難。

CNN的創始人泰德．特納爾年輕時，從父親那裡學到了一條座右銘——大丈夫必有四方之志。他決定建立世界上最大的電視發射網。可以想像，他選擇了一條遍佈荊棘的道路。他說：「不管出現什麼問題，與目標相比，它們總是相對比較小的。因此，我從來沒有因為問題而迷失方向，反而總是把目光緊盯在目標上。」

這是對長遠目標、大目標非常具體而生動的說明，其間的道理發人深省。

大目標是由無數個小目標結合而成的。因此在制定大目標的前提下，我們不能放棄「務實性小目標」，並且必須在盯緊大目標而毫不放鬆的前提下，落實好一個又一個的「務實性小目標」。如此，大目標的實現才會指日可待。

最終的目標設定必須要夠大，因爲這畢竟是長期性的。但是，目標大到何種程度，這也是需要考究的，並非目標越大就越好，還是應該有個限度。如果目標大得過分，或者成了「空中樓閣似的大目標」，雖然視線沒有被問題遮住，卻是目力所不能及的。

目標大成了一個可望而不可及的美好幻影，設立者自己就沒有信心去達到或完成，又怎能寄望他去克服自身與目標之間存在的種種困難呢？

在這裡，我們提出一些設立大、小目標的看法，以供讀者參考。

設立目標，首先應從自己的理想、志向、興趣、能力、資產，以及所要從事行業的前景和諸多社會關係等因素出發，作綜合性的評估，以達到對自己比較正確的自我評價。在此基礎上，制訂出短期的，即一至二年，不超過二年的小目標。因爲這是從比較實際的可行性角度來考慮，預算出的金錢數字易於實現，比如，第一個預期內的目標值爲十萬或二十萬。但這個預算數目還不是小目標，因爲它太「實在」了些，缺乏理想性因素，不能激發出你的全部精力和潛能去奮鬥，因此，你得從理想性的角度，給它增添一些激勵因數，例如，在原預算數字上再加二〇%。這樣，小目標可以用如下公式來表示：

預算收入+預算收入×二〇%=小目標（階段性的，一至二年）

之所以加上二〇%，這可從著名的「跳起來摘桃子」的教學方法中得到說明——設置一定的難度，讓你奮力去完成，如同用理想、志向激發潛能一樣。

有了小目標，再設立十年、二十年，甚至三十年的長期大目標，就有了可靠的依據。首先，你可以在第一個小目標的基礎上，對第二個小目標的預算收入再增加二〇%至一〇〇%的數額，因爲第一個小目標的收入擴大了你的資產投入，理應增加收入才對。事實上，產業界不是沒有這種收入逐年翻倍的記錄，戴爾電腦公司就曾創下過比上年度增長一二八%利潤的紀錄，比爾·蓋茨的微軟公司就更不用說了。

在增加了收入百分比的預算之後，仍然還要加上一個二〇%的理想性因數，最後落實的這個金錢數目，就是你的第二個小目標。以此類推至十年、二十年，或者三十年，這個推算出來的數目就可以視爲大目標的基數，然後給它翻倍，這個翻倍之後的數目，才是你眞正的大目標。爲什麼要翻倍呢？我們不主張翻個十倍、百倍，因爲那是訂立目標者自己都不相信的。翻倍的意義在於它能加大和塑造自身的理想目標形成，以充分發揮信念的神奇力量。

請不妨試一試上述方法，制定好你致富的大目標和小目標。

投資箴言二：不要怕跳船出海、另謀高就

富人們愛自己的工作嗎？

對你的疑問，我早有準備，隨便找一個成功者或富人，我都可以向你證明他們確實熱愛自己的工作。沒有對工作的熱愛簡直不可能歷盡艱辛抵達成功之地。我所碰到的每一個富人、成功者和名人，都毫不含糊地向我證明這件事情。其實，在訪談、讀他們的傳記和聽他們演講的時候，你都能感受到他們那種執著的愛。他們幸福地付出，也幸福地收穫。甚至，只要有愛，即便沒有回報他們也願意堅持不懈。

如果你不熱愛自己的工作，如果你不熱愛自己的顧客，如果對你來說，星期一上班不是令人振奮的事——好吧，你很可能是處在一個不適合自己的領域。

如果你熱愛自己的工作，那種愛顯而易見，很容易感染周圍的人。如果你只是隨隨便便，別人也能一眼就看出來。冷漠、沒有激情地工作，不僅影響你的工作，也會傳染你的員工和客戶，讓你遭受損失。

我當然不是要你每一天都興奮異常。人人都得面對日常的瑣事和冷不防冒出的災難，如果不會及時調整自己，你很可能就要犯錯。在與客戶來往的時候，你若不能將那些不快一腳踢開，或者不能把員工從失望和沮喪中拉出來，你恐怕就難以享受到企業成功的歡樂。

如果你不能激情滿懷、熱愛自己的工作，你的生活和企業永遠也不會有什麼光彩。生命只有一次，爲什麼不把寶貴的時間用在你眞正熱愛的事情上呢？

當激情退卻、興奮離你遠去的時候，你要問問自己這是不是適合你的地方。如果答案是肯定的，你就要調整自己，喚回往日的激情；如果答案是否定的，你就別怕跳槽、放棄你在這裡可能得到的一切。

地產業奇才約翰·麥克拉斯在研討會上曾給他的聽眾出了個問題，要聽眾評量對所屬企業的興奮等級。興奮等級爲一至十分。十分的標準是你寧可被企業榨乾，也熱愛在企業裡的每一分鐘；一分則指你對工作沒有一點激情。測驗的結果讓人吃驚，大多數人得了五到六分。

這說明，大多數人在工作和生活中都習慣於按部就班、平平常常。這也解釋了爲什麼許多人一輩子都收入一般，幸福的感受也很平凡。得到八分、九分、十分的人正好相反，他們收入不菲，生活宛如一場永不謝幕的激情體驗。

把握跳槽的最佳時機

在每個人的職業生涯中，跳槽也許不是一件令人興奮的事情，但它確實能爲你的事業有更大、更好的發展開啓了另一扇門。

跳槽對職業發展而言是一把雙刃劍。過於頻繁地更換單位或者工作，會不利於專業經驗和技能的累積。但是在一些情況下，跳槽卻是激發職業發展潛力的良好機會。問題的關鍵在於如何察覺和抓住跳槽的最佳時機。

當今社會是一個絕對變動的環境，沒有絕對穩定的工作，人們需要對此做好心理上的調適。

一個人如果一生中都沒有遇到職業的突變，他的人生就不易取得大成功。相信大多數高級經理人都曾有過痛失工作的經歷，其中許多人還不止一次經歷過工作的不確定性所帶來的痛苦。倒閉、裁員、併購，所有這些不確定性都給組織和個人工作帶來劇烈的動蕩和影響。

然而，當他們回顧所經歷的過程，絕大多數人都會感激這些變故，因爲這些變故爲他們的事業發展提供了機會。在現今這個一切都處在變化中的社會，沒有絕對穩定的職業或絕對穩定的福利保障。這一觀念要時刻在你腦中出現，並且對這一事實持積極而不是消極或抗拒的態度。

如果你認爲在現實社會中沒有穩定的工作，那就應該抱著憂患意識，一直留意新工作。

你是否眞的願意按部就班，每天做著同樣的事情，過著單調枯燥的生活？在一些特定的情況下，你會發現目前所從事的職業讓自己極其痛苦，或者感到自己的職業規劃一定要有所改變。

通常會出現一些徵兆，顯示你的工作需要改變，或者你需要面對重大的變動，比如自己厭倦了每天所做的工作，或者在充滿敵意的環境中工作，還是感覺到你的公司及你的領域沒有發展前途，以及一些非工作因素，都會促使你跳槽。

厭倦工作

厭倦工作的原因十分複雜，並不僅僅是你偶爾有一天心情不好，或與你的員工、同事和同行的關係十分糟糕，還是辦公室環境不好。

事實上，你是對所做的某一類工作產生厭倦。這種厭倦逐漸升級至影響你的心理健康，其徵兆表現為你早上起來不想去上班。有時候，你只要一想到一天所做的事情就感到心情沮喪。對工作強烈的反感使你無法體驗生活的樂趣和成就感。

如果這樣的反應已經成為你生活的一部分，並已持續一段時間，你就應該考慮在工作上做徹底的改變了。記住，這裡所講的不是難處的同事也不是糟糕的工作環境，你真正關心的是你用來謀生的工作。

敵對的工作環境

當你的員工、同事或者同行不斷製造麻煩，使你很難甚至不能與他們合作，這也許就是你該跳槽的時候了。千萬不要遷就穩定的因素，就繼續待在目前的工作崗位上。當你做事處處碰壁，工作環境充滿敵意，你再三考慮、權衡後，覺得確實已經到了別無選擇的時候，那麼就必須採取果斷的行動，徹底改變你目前的工作環境。

這並不是工作本身或工作類型的問題，而是整個工作環境的問題。這種問題包括領導頤指氣使、獨斷專行；你的下屬或同事拉幫結派，使你不能在他們的圈子裡有效地履行正常的領導等等。

敵對的工作環境就像一個敵對的家庭，沒有人能夠忍受侮辱、心理或生理上的侵害以及任何形式的威嚇，在這樣的環境下，人將不能發揮正常的工作能力，而且要承受極大的壓力。

生命太寶貴了，我們不能在敵意的環境中浪費一寸光陰。記住，你永遠都是自己職業生涯的老闆和生命的主宰。沒有人在乎你做什麼或關心你的工作。如果這個工作實在難以忍受，放棄它，重新找一個。

瞭解公司的發展前途

你需要運用自己的分析能力來判斷公司是否有前途。公司的健康發展和活力應該是你關心的重點。當公司面臨挑戰的時候，你可以根據公司採取的策略和實施的步驟來判斷這個公司是否眞的有實力。只有公司具備實力，才能保證你的事業有發展前途。

要不斷地觀察公司的健康狀況，看看它是否爲你提供一個發展的好環境。對這個問題，你要時刻留意，而不僅僅是在加入公司之前。

你也要時刻留意你所工作的領域，並且評估它現在是否具有生命力、未來有否發展前途。你需要經常的問：在這個領域裡，你找到另一份工作的可能性有多大？這個領域是否正面臨大量裁員和重組？你是否可以繼續在這個領域裡生存和發展？經濟收入在將來是否會大幅提高？這些問題都需要你認眞考慮。

還有一種跳槽並非工作因素使然。

不少人整天以工作爲伴，非常遺憾的，他們失去了生命中極其寶貴的東西，就是事業與生活的平衡。

沒有什麼比你所愛的人的幸福更重要。如果更換工作就能滿足你所愛的人的需要，那麼，何樂而不爲呢？

尋求事業、家庭和友誼的平衡。如果工作太忙而沒有辦法照顧家庭，那就放棄這個工作。否則，你付出的代價比工作更大。

跳槽對保持合適的職業發展，通常是十分必要的。評估是否要跳槽的最好方法，是看看你每天的工作，是否讓你或你所愛的人身心感到疲憊。不論是來自家庭的外在壓力或工作環境本身的壓力，如果你確實感到有壓力，那就做出正確的決定吧！

投資箴言二：冒險是魔鬼也是天使

英國擁有五十億資產的不動產巨人赫姆利說：「每筆商業交易都是精打細算後的冒險，但你得明白冒險的百分比，你對生意一定要有良好的預感。你不能根據『生意總是有賺有賠』的想法來做決定。絕對不能如此。在每項交易中，都會有你該拿出錢的時候，這時候你得保持頭腦清醒，知道自己在幹什麼。」

假如你不願冒險，成就的規模就會大量萎縮。對一個商人來說，冒險的刺激最爲重要，有些人就是靠這種刺激過活的。

你時時都在冒著失敗的危險，決定你該不該冒險的，是風險和報酬的比例。但不管你做什麼，都會冒失敗的風險。譬如說，你是要投資我的新發明，得到一半的利潤，還是寧願借錢給我拿利息？你就得考慮種種的條件：首先是利潤到底有多少？你是否負擔得起選擇第一條路的損失？因爲這條路要危險得多。或者你會想，爲什麼我要替別人的行爲負責，所以你寧願借錢給我，只拿少許利息。你可以想想看，你每天所冒的險有多少？你肯冒的險又有多少？這就可以測量出你自己的勇氣來。

美國大律師、「合法的劊子手」柯恩說：「在必要時我並不在乎冒險，風險嚇不住我。我可以向你舉一個例子。有一次，一個在紐澤西經營鐵路的客戶虧損累累，法院卻命令他要繼續維持營運。我當時這樣想，憲法上沒有哪一條規定說法院有權下令別人虧本做生意。因此我們找了紐澤西的十名律師商量以後，我告訴他說『結束業務』，於是他就結束了鐵路的營運。不過他怕因而犯法被關起來。我告訴他說，『假如你怕，你可以到加勒比海去休幾個星期假，不過我看不出你有什麼好怕的。』當然，這件事順利完成，我們關閉了鐵路，而法院不得不更改它的命令，因爲電力及公共設施委員會裁決我們有權關閉這條鐵路。」

成功者是冒險家

任何人只要開始追尋一項機會，他就已經在冒著某種程度的風險。有人說，美國的企業精神就是源自移民者的冒險精神。因為當這些移民離開歐洲前往他們一無所知的美洲，就已經是十足的冒險行為。重視安全的人只有待在老家。

這些成功者在開始創業時，大多是放棄了有保障的工作，甚至將房子抵押貸款來開創自己的事業。顯然這種冒險是很多人所不能接受的，即使本人能接受，有時候也會遭到家人的反對。但冒著這類風險的人，他們本人是否當作是冒險呢？他們是否對自己的構想滿懷自信，而輕視風險呢？

攝影家貝利因為創造了迷你裙，在時裝界掀起一場革命，一夜之間成為家喻戶曉的人物。他說：「初期我也冒了點風險。事實上，我所作的首次冒險是用金妮·辛浦頓。我在《Vogue》雜誌待了大約一年的時間。有次我看到這個女孩，覺得她真不錯。當時她和《Vogue》的一位攝影師杜費一起工作。於是我要杜費把這個女孩介紹給我，我很喜歡她。接著我又告訴《Vogue》，我要用這個女孩。他們告訴我不行，因為怕我會帶她上床！事實上，那段時間裡我從未將她弄上床過。後來他們要我作一份四十頁的攝影專集，這是件大事。這時候他們才同意我用金妮。在那次以後，我和金妮一起工作的機會越來越多，我們共事了大約三年。」也就是那次的攝影專集，他創造了迷你裙風潮。

他又說：「你知道的，我喜歡的是金妮那兩條大腿，從來就未眞正關心什麼時裝。我拍攝那些衣服，只是爲了包在它們裡面的那些女孩。在我拍攝照片時，我總要那些女孩將裙子拉高點再拉高點。突然間，我竟被全世界所接受，現在，妳的裙子可以穿得和內褲並齊！」

涉險和探險的分別

大富豪富比世除了發行《富比世》雜誌外，也是個熱氣球和機車的狂熱者。這類狂熱，在我們看來是非常冒險的行爲，但他喜好它們並不是因爲危險，而是爲了探索新奇。這是不是企業精神中的重要成分呢？

富比世說：「冒險是過豐富生活或達到成功一個不可或缺的部分。你可以懷著悔恨過活，說『早知道我就那樣做……』，這只是在浪費時間。你不應該這樣。但我不欣賞賭博，因爲它不能使我有所成就。我享受探險，但我又如此愛好生命，我儘量將探險中的危險除去。換句話說，只要你有足夠的知識和謹慎，玩熱氣球並沒有危險。假如你能小心和機警，玩機車也同樣沒有危險。總之，我儘量降低冒險的成分。在我活著的時候，我要享受生活，所以我不是去找冒險的刺激。我還不想死，所以我也不想拿生命作賭注。在乘熱氣球作全國旅行時，每天都有發生危險的可能，但我儘量減少危險，你絕對無法完全除去風險。假若你想有所成就，你也不該去除所有的風險。」

登山家波林頓同意這種看法，他說：「我不想說登山是場賭博，我比較願意承認那是場已經過計算的冒險。它不是輪盤賭似的賭博，它的刺激是攀登到危險處，然後用你的技巧去消除危險。」在征服埃佛勒斯峰的那次登山中，波林頓還未決定是否要翻越埃佛勒斯冰河時，隊友要來了兩架直升機將他們裝載過去。這就是盲目涉險和控制風險的不同。

波林頓又說：「這牽涉到登山中的道德立場問題。在登山中有一系列不成文的規定，這些規則也是由登山者自行宣佈的，以維持『不能確定性』的標準。譬如說，有段時間，登山者在攀登大峭壁時都用『擴大釘』。如今他們發現，用了這種裝備，只要你有體力和耐力，任何峭壁都能爬上去，這就完全消除了『不確定性』，也就破壞了登山的本意。」

你是否願意承擔風險？

你可能不知道，當你手邊有些錢時，不論怎麼安排運用，你隨時隨地都在冒各種風險。比如說，買股票、投資房地產，或者只把錢存在銀行裡。所有這些都有風險，只是大小有別。其實，除了錢財外，生活中的事事物物也都伴隨著不同程度的風險，會令人遭受損失或傷害，只是每一個人面對風險的態度不同而已。有些人會覺得風險讓人緊張，有些人則認爲生活中應該有點刺激。

爲了瞭解成功的人如何面對風險，專家設計了一組風險承擔測驗，結果發現成功的人不論男女都比較能承受風險，但年齡大小則有很大的差異。

你想不想知道自己能擔多大風險？它對未來發展可能產生的影響？試試看下面的測驗。

測驗包括二十道題，詳細閱讀每一道題，假想自己處於題目所描述的情境中，然後根據下列五個反應選出一個最適合你的，把分數寫在括弧中，做完二十道題，再根據計分方式算出得分。

1．免談！

2．我不可能加以考慮。

3．如果有人鼓勵，我會試試。

4．我可能會做。

5．我絕對會做。

（　）1.你去看表演，舞臺上的催眠師徵求自願者上臺合作，你會上去嗎？

（　）2.在公司最成功的部門中，你的職位既高又安全，有一天老闆給你機會，讓你接任另一個部門的副總經理，不過，這個部門情況很糟，一年之內已換了兩個副總，你會不會接下新職？

（　）3.你正想存錢做生意，有個好朋友靠不正當手段發了一筆財，想給你機會也撈一筆，酬勞是五十萬元，只要你肯出四萬元。

（　）4.你有機會看到一些密件，裡面的資料對你日後工作前途很有價值，但是你若被人得知看了這些資料，會被炒魷魚，名譽也會掃地。你會看嗎？

（　）5.你要去趕一班飛機，趕上了就可獲得一紙賺錢的合約，趕不上可能會賠掉老本。偏偏你在高速公路上碰到塞車，只有在很危險的路段上前進才趕得上飛機，你會這麼做嗎？

（　）6.你在公司要升遷，唯一的辦法就是暴露公司一名比你強的人的缺點，但他必定會展開反擊，你會開火嗎？

（　）7.你得到一組內線消息，對你公司的股票會有重大影響。做內線交易是違法的，但很多人都這麼做，而且你會因此大賺一筆，你會做嗎？

（　）8.聽過一著名的經濟學家演講後，你有問題想發問，但這名經濟學家常在大庭廣眾之前給人難堪，你會發問嗎？

（　）9.你終於存夠了錢要實現夢想，到世界各地旅遊一年。但就在你出發之前，有人給你一個工作機會，可以讓你這輩子過得相當舒服，可是你必須立刻答應並上班，你仍會去旅遊嗎？

（　）10.你有個表弟古怪又聰明，他發明了一個神奇的茶壺，燒開水比普通茶壺省一半的時間。他需五萬元把它正式做好並申請專利，你會拿錢支援他嗎？

（　）11.你到國外旅行，那個地方的人多數不會說中文和英文，當然，你在旅館吃牛排、馬鈴薯沒有語言問題，但是如果上當地館子吃當地食物，語言可能會有困難，你會上街吃館子嗎？

（　）12.假如你有台烘衣機，有一天你發覺烘衣機不動了，可能開關有毛病，你看到開關上只有兩顆螺絲釘，也許可以旋開螺絲釘看看自己能不能修，你會這麼做嗎？

（　）13.在一群有影響力的人面前高談闊論，也許會令他們不悅，但在一件你認爲很重要的事情上，他們的論調你實在不能苟同，你會說出來嗎？

（　）14.你仍然單身，並在報上看到一則徵友啓事，各種條件似乎都很適合你，你以往從未想到對這種啓事有所行動，這次會嗎？

（　）15.你和老闆到美國拉斯維加斯參加商展，你們在賭場賭錢，你賭輪盤贏了少許，突然你有一種靈感，如果把贏來的錢統統押紅色，你會贏；但如果輸了，會讓老闆對你留下不良印象，你會押嗎？

（　）16.一家博物館即將開張，很多明星都會到場，場面非常熱烈。但博物館屬私人性質，只有會員才能參加。你正好有合適的服飾穿起來像個大人物，可以矇混進去，但你可能會被守門的識破，吃閉門羹，你會試嗎？

（　）17.你暗戀一位同事，沒有人知道。現在你的同事必須到另一個城市去謀求更好的工作，你考慮要表達幫他（她）整理行李的心意，你會說出口嗎？

（　）18.你在荒郊野外開車，風刮得很大，你看到一個路口，看起來是條捷徑，但路口沒有指標，地圖上也未寫明，你會不會走這條「捷徑」？

（　）19.你和幾位從事鯊魚研究的朋友一起度周末，準備游水作樂。你們發現附近有鯊魚出現，你想要留在船上，但朋友卻邀你下水，說只要遵守幾項簡單的原則，就不會有危險，你會下水嗎？

（　）20.你在公司某部門工作，你有新的想法可以改善部門的效益，但這種想法已為管理階層拒絕，你考慮把建議告訴更高階層，但你知道管理階層必定會不高興，你會做嗎？

以上各題都按所填數字計分，1代表1分，2代表2分，3代表3分，4代表4分，5代表5分，全部作答完畢後，替自己算算分數，求出總分。

〔解釋與說明〕

根據研究，肯冒險的人自認為有高度自信與雄心，他們會花更多的時間專注於自己的目標，而不是嫉妒別人的成功。

在國外，很多大公司喜歡雇用有自信、有創造力的冒險者，並且鼓勵員工冒險，偶爾也情願讓員工冒險失敗，從中學習。根據《追求卓越》(In Search of Excellence) 一書作者彼德斯和華特曼的描述，所有的研究與發展都是冒險的事，只有不斷的嘗試，才可能成功。若能從失敗中學習到東西，也是值得的。所以有「完美的失敗」這種說法。這是對冒險的肯定。

當然，並不是每個人都有冒險的個性和需要。是不是該冒險，必須由自己做決定，而年齡、責任、對風險的承受力等等都必須納入考慮。

根據專家的研究，在成功的人當中，年紀大的比年紀輕的不肯冒險。以下是得分的不同分組與個性的關係。

得分很低者　很明顯沒有什麼雄心壯志，自我形象也過於負面。即使有成功的機會，也會因要冒點風險而裹足不前。如果你的得分落在此組，首先你必須克服對冒險的恐懼，試著去做，只有這樣才能在商業舞臺上與人一較長短。

得分低者　不會像前面一組那樣害怕冒險，但似乎也不願意去碰運氣，由於不願冒險，就沒有機會認清情勢，即使成功的好運降臨了也不自知，平白失去好機會。如果你得分落在此組，記得在你作判斷時，要發揮本能和想像力以增加信心。適度的冒險可以強化正面的自我形象，而這種形象正是所有成功的人所需具備的特質。

得分中等者　不會明顯地害怕冒險，但在利用創造力往上奮鬥時信心不足。如果得分落於此段，你可能要有外界的鼓勵才願意冒險，但你也因此太依賴別人的支援。雖然得分落在此組算是不錯，你還是應多嘗試工作中你沒把握的部分，花點功夫累積資料和經驗，增加自己的信心。

得分高者　通常很有信心，並野心勃勃，這種人同時具有很強的創造力，使他們能充分利用各種方法達到想要達到的目標。這使得你可以掌握每一個有利的情勢，摸清眼前是什麼牌。得分落在此組的你大概都已知道自己要什麼，並不怕去追求，即使風險相當高。

得分很高者這種人在同事眼裡無異「賭徒」，而不是商業遊戲中自信、有智慧的好手。他們很可能曾經在高風險的作爲中獲得成功，使得他們一再極端的鋌而走險。不幸的是，高度冒險的人很快就會忘了瞻前顧後。如果你得分落在此組，你可能會發現，冒險的刺激雖然很過癮，但並不是生活中每個層面都如此，有時是會摔得很慘的。

二、完美的結果來自完美的訓練

一位武術高手在一場典禮中，跪在武學宗師的面前，正準備接受得來不易的黑帶，經過多年的嚴格訓練，這個徒弟武功不斷精進，終於可以在這門武學裡出人頭地了。

「在頒給你黑帶之前，你必須再通過一個考驗。」武學宗師說。

「我準備好了。」徒弟答道，心中以爲可能是最後一回合的拳術考試。

「你必須回答最基本的問題。黑帶的眞義是什麼？」

「是我學武歷程的結束，」徒弟不假思索地回答：「是我辛苦練功應該得到的獎勵。」

武學宗師等了一會兒，他顯然不滿意徒弟的回答，最後他開口了：「你還不夠格拿到黑帶，一年後再來。」一年後，徒弟再度跪在武學宗師面前。

「黑帶的眞義是什麼？」宗師問。

「是本門武學中傑出和最高成就的象徵。」徒弟說。

武學宗師等著，等著，過了好幾分鐘都沒有說話，顯然他並不滿意，最後他說道：

「你還是沒有到拿黑帶的時候，一年後再來。」

一年後，徒弟又跪在武學宗師面前。

「黑帶的眞義是什麼？」

「黑帶代表開始，代表無休無止的紀律、奮鬥和追求更高標準的歷程起點。」

「好，你已經準備就緒，可以接受黑帶並開始奮鬥了。」

故事中的武學宗師在他的徒弟開始學武之前，首先讓弟子花費很長的時間去領悟「黑帶」的意義，這是一種完美的訓練，在還沒有開始之前，首先要領悟眞諦。在競爭激烈的社會環境中，每一個人就像是一名武士一樣，要面對很多敵人，所以必須時時刻刻接受嚴格的訓練，才能逼迫自己達到較高的水準，因爲完美的結果常常來自完美的訓練！

完美訓練一：讓體制本身來生錢

有七個人組成了一個小團體共同生活，其中每個人都是平凡而平等的，沒有什麼兇險禍害之心，但不免自私自利。他們想用非暴力的方式，透過訂定度來解決每天的吃飯問題：要分食一鍋粥，但缺少了稱量用具和有刻度的容器。

大家試驗了不同的方法，發揮了聰明才智、多次角力，形成日益完善的制度。大體說來主要有以下幾種：

方法一：擬定一個人負責分粥事宜。大家很快就發現，這個人爲自己分的粥最多，於是又換了一個人，然而無論換成誰，主持分粥的人碗裡的粥總是最多最好。由此我們可以看到，權力導致腐敗，絕對的權力絕對腐敗。

方法二：大家輪流主持分粥，每人一天。這樣等於承認了個人有爲自己多分粥的權力，同時給予了每個人爲自己多分的機會。雖然看起來平等了，但是每個人在一周中只有一天吃得飽而且有剩餘，其餘六天都饑餓難挨。於是我們又可得到結論：絕對的權力導致了資源浪費。

方法三：大家選舉一個信得過的人主持分粥。一開始，這品德尙屬上乘的人還能堅持公平，但不久他就開始爲自己和逢迎拍馬的人多分。大家不能放任其墮落和風氣敗壞，因此還得尋找新思路。

方法四：選舉一個分粥委員會和一個監督委員會，形成監督和制約。基本上做到公平了，可是由於監督委員會常提出多種議案，分粥委員會又據理力爭，等分粥完畢時，粥早就涼了。

方法五：每個人輪流值日分粥，但是分粥的那個人要最後一個領粥。令人驚奇的是，在這個制度下，七只碗裡的粥每次都是一樣多，就像用科學儀器量過一樣。每個主持分粥的人都認識到，如果七只碗裡的粥不相同，他無疑將享有那份最少的。

同樣是七個人，不同的分配制度，就會有不同的風氣。所以一個單位如果有不好的工作習氣，一定是機制問題，必定是沒有完全公平公正公開，沒有嚴格的獎勤罰懶。如何制訂良好制度，是每個領導者需要考慮的問題。

什麼制度是企業最好的制度？適合的就是最好的。台基電的制度好不好？鴻海的制度好不好？對於你的企業而言，難說。關鍵是適用。它必須是從你的企業土壤裡生長出來的，而不是從專家學者的專著中生搬硬套而來。制度是生物，不是產品。制度是生長出來的，不是製造出來的。

制度至關緊要，制度是人選擇的，是交易的結果。好的制度要簡明又高效。

體制是創富的瓶頸

春秋時期，楚國令尹孫叔敖在苟陂縣一帶修建了一條南北水渠。這條水渠又寬又長，足以灌溉沿渠的萬頃農田，可是一到天旱的時候，沿堤的農民就在渠水退去的堤岸邊種植莊稼，有的甚至還把農作物種到了堤中央。等到雨水一多，渠水漫上來，這些農民為了保住莊稼和渠田，便偷偷地在堤壩上挖洞放水。這樣的情況越來越嚴重，一條辛苦挖成的水渠，被弄得遍體鱗傷，面目全非，因決口而經常發生水災，變水利為水害了。

面對這種情形，歷代苟陂縣的行政官員都無可奈何。每當渠水暴漲成災時，便調動軍隊去修築堤壩，堵塞漏洞。後來宋代李若谷出任知縣時，也碰到了決堤修堤這個頭疼的問題，他便貼出告示說，「今後凡是水渠決口，不再調動軍隊修堤，只抽調沿渠的百姓，讓他們自己把決口的堤壩修好。」這佈告貼出以後，再也沒有人偷偷地去決堤放水了。

這是一個有趣的故事，但是故事背後的寓意卻值得管理者的深思。如果在執行一項政策之前就把這當中的利害關係對執行者講清楚，他們也許就不會為了自己的私利而做出損害團隊利益的事情了，當然這只是對素質高的團隊來說。

有的企業可能因為行業類別，員工的素質都不太高，遇到這種情況，即使你說明了利害，他還是會為了自己的利益偷偷去做一些損公肥私的事情，怎麼辦？這時，建立嚴格有效的監督控制機制就顯得非常重要了。

以人管理，總是有漏洞可循，因爲人都有弱點，有感情。動物之間哪怕是貓和老鼠相處久了也會有感情而相安無事。而制度呢？卻能發揮人所不能發揮的作用。

當制度都不能發揮作用的時候，就只有利用李若谷的辦法，以子之矛攻子之盾，當人發現這樣做得到的好處還不如自己的損失多，他自然就不會再去做這樣的事情了。

所以說，不管具體用什麼方法來執行，制定一套安全有效的內部控管制度是非常必要的。一個沒有制度的企業只是一個貨堆。

良好的體制是一部印鈔機

體制能減少你的經營成本。技術能力差的員工，在好體制中也能創造出高技術的成果，同時大大提高企業的生產效率。因爲好體制教會了人們做什麼，以及怎麼把工作做好。這是企業經營中的槓桿作用，也是企業發達的關鍵。

好體制賦予生產可貴的價值，在低成本的基礎上讓你生產出高品質的產品。換句話說，好體制讓企業受益無窮。

高度體制化的企業，讓自身獲得了某種成熟，也許正是因爲這種成熟，它們才勢大力沈、身價不菲。麥當勞就是典型例子。因爲有一套固定而簡單的程式，麥當勞可隨意雇用低技術的人，而且自信即使這樣的人也能在體制的引導下，做出高品質的工作。體制給麥當勞一種到處開設分店的自由，而且讓他們非常準確地把握住做什麼才能贏得成功。

尤爲重要的是，好體制能讓企業獨立運轉，用不著你揮汗如雨的忙不停，企業照樣賺錢。這樣的企業也就成了印鈔機。那麼多企業家不惜一切代價去建立體制，何嘗不是爲了獲得這種印鈔機。說到這裡你該明白，爲什麼麥當勞身價值那麼多億。

肯德基遍佈全球六十多個國家，達九千九百多點。然而，肯德基國際公司在萬里之外，又怎麼能相信下屬循規蹈矩呢？

一次，上海肯德基有限公司收到了三份總公司寄來的鑒定書，對他們外灘店的工作品質分三次鑒定評分，分別爲八十三、八十五、八十八分。公司經理都爲之瞠目結舌，這三個分數是怎麼評定的？原來，肯德基國際公司雇用、培訓一批人，讓他們佯裝顧客潛入店內進行檢查評分。

這些「特殊顧客」來無影，去無蹤，使經理和員工時時感到某種壓力，絲毫不敢疏忽。

很多企業，員工與老闆經常諜對諜。老闆在的時候，就裝模做樣，表現賣力，似乎是再稱職不過的員工；而等老闆前腳剛走，底下的人就在辦公室裡大鬧天宮了。很多老闆會在這個時候殺個回馬槍，嘿嘿，剛好逮個正著。不過，這也不是個長期辦法，老闆沒有這麼多精力去跟員工鬥智。如果建立一套完善的制度，讓員工意識到無論任何時候，都必須認真工作，那麼底下的員工就不會偷懶了。

偶爾做一次自我檢查容易，難就難在時時自我反省，時時給自己一點壓力，一點提醒。公司管理者就需要充當這個提醒者，時時給他們一點壓力，一點動力，以保持員工不懈的進取心。經理的最大考驗不在於經理的工作成效，而在於經理不在時員工的工作時效。

完美訓練二一：不為浮雲遮望眼，漠視閒言奔前程

決策能力是統帥人物不可或缺的重要能力之一。對一個企業或公司來說，無論其規模大小，統帥人物的決策能力都直接關係到該企業的成敗得失。商場如戰場，在決策的意義

上來說絲毫不假，本應向東你指揮向西，本應向北你指揮向南，方向都搞錯了，不吃敗仗那才叫奇怪。企業家們在經營決策上的任何失誤，都會給企業帶來難以估量的損失。所以，具備良好的決策能力，是企業家的必須要件，而做好企業的經營決策，更是企業家責無旁貸的事情。

經營者要有決策能力，即「一錘定音」、「敢於拍板」的能力。當然，決策是不能靠運氣的。決策能力本身就是稟賦和經驗的累積。那些經常能做出正確決策的企業家們，通常都會表現出如下的過人素質。

1、敏銳的洞察力

對於商務有著特殊的敏感和獨具的慧眼，往往能從平凡的現象中捕捉到不平凡的商機，憑著一種直覺就能感悟到事物的本質。

2、創新思維

新的決策必然要有創新思維的保證。傳統思維和習慣思維是決策的大敵，因爲它墨守成規，死抱著過去的經驗和做法不變，不易接受新事物，這不僅易失去重大商機，也會因決策的錯誤致使企業始終徘徊在老路上打轉而落伍脫隊。創新思維則能保持一股新鮮的活力，推動企業不斷邁出新的步伐，邁向新的成功。

3、善於傾聽和吸收

企業家既爲統帥，無論是來自員工，還是來自顧客，以及來自其他方面的意見，都會彙集反饋到他們的耳朵裡來。說者會說，聽者更要會聽，將其中有益的資訊吸收到自己的大腦裡。企業家要不受正反意見的干擾，也不要因不同方式的表達而受到影響，而要隨時抓住問題的要害和實質，從他人的意見中找出有利於、有助於自己決策的重點，以豐富和加強決策的合理性和科學性。

4、權衡利弊關係

凡事皆有利有弊，差別只是利大於弊，還是弊大於利。而經營之事，更是有風險，有困難。對於經營者來說，任何決策都需要權衡利弊關係。決策之時，首要的是釐清盈虧之間的預測，到底是盈還是虧，這個問題心中有數了，決策者才敢作出最後決定。其次，基本決定一旦做出，在行動方案上寧可把弊病估計得高一些，以充分的心理準備去面對各種

困難，力爭目標的順利實現。

5、辨清假像

生活中有許多的假像，掩蓋住事物的本質。生意場上更是波譎雲詭、撲朔迷離，充滿各種假像、幻象，甚至不排除個別競爭對手故意布下陷阱。身為企業的決策者，務必心明眼亮，以火眼金睛識穿假像，驅散幻象，填平陷阱，方不致誤入決策的「黑暗地帶」，身陷其中而難以自救。

6、排除混沌抓要害

任何事物都具備多重屬性，複雜事務尤其如此。經營決策本身就是面對多方的複雜情勢加以分析、判斷，狀況更為複雜。而這種混沌一片的現象，既是對決策者忍耐力的考驗，也是檢驗其能否具有穿透迷霧的決策能力。凡是那些表面上看起來一步一腳印、辦事井井有條、頗善精心規劃的人，往往都是些謹小慎微的實務主義者，也是最糟糕的決策者。這種人在需要果斷決策的當口，總感到這裡不清楚，那裡還未弄明白，資訊情報也不足，以致無法做出決策。相反，高明的決策者卻不會受到細枝末節的迷惑，也不會因無關緊要的混沌不明而遲疑，更不會事無巨細地用白紙黑字去弄一個詳而又詳的計劃，而是緊抓決策事務的要害，解決主要問題。

7、建立基本的決策框架

需要決策的事務，往往如一團亂麻，紛紜複雜，從何入手，頗費周章。決策者必須亂中有序，分清其中的輕重緩急，建立起一個基本的決策框架。這個決策框架包含下列五個要素：

①有清楚的願望，瞭解決策的深度，能夠看清決策對未來的影響，以決策抓住未來的機會。

②能看清事情的全貌，瞭解決策的廣度，將中心環節的問題抽離出來，構成事物的有機聯繫。

③有獨立自主的精神，敢於在關鍵時刻「一錘定音」，無需等待別人的批准、支援，非得要萬事俱備後才做決定。這並不是不要民主和不聽他人的意見，而是指在最後拍板時應有決斷能力。

④能夠獨立思考，對自己的決策有強烈的自信心。

⑤有堅定的內在價值，亦即對自己明確的追求目標深信不疑，敢做敢爲。

8、決策的執行

決策一經做出，不管之前有多少人反對，成功的決策者應有能力將所有的屬員團結在一起，**拋**棄各自的意見，共同爲決策的實現竭盡全力。因爲再好的決策，都必須透過人來執行，而重新獲得屬員的支援，則是決策成功的一個重要因素。另外，決策者還必須追蹤決策執行的全部過程，以及時發現執行中所出現的問題，並切實加以圓滿解決。

9、決策的靈活性

決策的靈活性和決策的堅定性是絲毫不相背離的。一方面，作決策要堅決果敢，切忌拖泥帶水、遲疑徘徊，在看清經營大方向的前提下，需容忍不盡完善的決策，因爲幾乎所有的決策都不可能是十全十美的，這是決策者必須明白的現實。

但是另一方面，如若眞的在決策之後的執行過程中，確實出現了決策之時未曾考慮到或即使考慮到但估計不足的重大問題，且極有可能造成決策的失敗，此時決策者要有敢於承認錯誤的勇氣，採取靈活性的原則，放棄當初的決策，改變過去的決定。其實，這種敢於放棄、改變決策目標的靈活性，其內蘊何嘗不是堅定性的另一種表現。

決策的重要，對於初創事業者來說，似乎顯得更爲關鍵。一步踏錯，全盤皆輸。即使對於初創成功的企業來說，某項決策的失誤，也會帶來嚴重的損失。豐田公司在向海外發展時，就曾吃過一次決策不當的大虧。

日本的豐田公司現已是世界汽車工業的驕子。然而，他們在當初準備打入美國市場時，卻做出過一次錯誤的決策。當時，他們選擇了美國的一位社會名流做爲經銷汽車的總代理。原以爲憑這個人的名氣，可以迅速在美國打開銷路。遺憾的是事與願違，他們根本沒想到這位名流對經銷汽車絲毫不感興趣，自然就更不用說什麼積極性了，結果是這位老兄只「代」不「銷」。豐田公司著急萬分，但對此又毫無辦法。因爲他們與這位社會名流簽過協定，不能輕易毀約。豐田公司只好睜著眼睛打了一場滑鐵盧戰役，繳出昂貴的學費來換取教訓。

決策的重要，對於已紅極一時的老企業來說，也大有愼思密行、全力因應的必要。在激烈競爭的現代社會裡，社會生活和經濟形勢都不斷變化，企業如跟不上時代發展的步伐，則隨時都會有遭到淘汰的危險。在我們這個地球上，幾乎每天都有不少的企業宣告破產。決策的失誤，可以說是導致他們失敗的一個根本原因。

美國有兩家鞋廠都準備向海外擴張自己的市場，他們選定的目標市場是非洲。他們分別派出一個人去非洲進行市場調查，以便進行下一步行動。

兩名推銷員到了非洲之後。看到的都是同一現象：由於天氣炎熱，非洲人都習慣打赤腳。但是，兩個人的反應卻迥然相異。

甲推銷員看到非洲人都打赤腳，立即失望起來：「這些人都打赤腳，怎麼會要皮鞋呢？」溜了幾圈之後，便打道回國，向工廠老闆作了彙報說，鞋子運到非洲不會有任何市場，原因是該地的居民從不穿鞋。老闆便就此打消了向非洲發展的念頭。

而乙推銷員看到非洲人都打赤腳，卻驚喜萬分：「這些人都沒有皮鞋穿，這皮鞋市場大得很呢！」於是他又仔細地進行了一番調查，然後打了一通電報回廠，大談自己的看法。他認爲自己工廠的產品在非洲將會有很大的市場，原因是這裡的居民從不穿鞋，而正因爲他們以前從未穿過鞋，如果引導他們學會穿鞋，並使他們明白穿鞋的好處之後，相信皮鞋在非洲將會迅速打開市場。

乙推銷員的老闆瞭解情況後，立即決定向非洲發展，迅速派出人員到非洲去推廣和銷售皮鞋，果然大發利市。

由以上例子，可以發展出兩種思維，說明決策之「生命線」意義。

其一，乙推銷員與甲推銷員相較，其識見無疑高明得多，此後的實際情況也說明他的想法是正確的，但爲何不抓住這個機會爲自己所用呢？如果他眞有這種果敢的戰略決策能力，發財的就應該是自己而不是老闆。或許，有人會說他錢不多，辦不起事業來。這個理由對一般人來說可能是正確的，但對於一個眞正具有決策能力的人來說，即使少錢、缺錢也絕對不會成爲他放棄千載難逢發財機會的藉口，而會大膽地做出決策——去做就對了！

福勒投身肥皂業時，機會遠不如乙推銷員之於皮鞋業，而且他大量缺乏資金，可是他勇敢決策，成就了致富佳話。

約翰．甘布士也曾膽識過人，在該地廠家紛紛倒閉、經濟蕭條之時，敢於做出決策，傾其私家積蓄吃進拋售的低價貨，冒著巨大的經濟風險打了勝仗。

石橋正二郎是一個無職無業的貧困者，一旦發現了改造「日本膠底布鞋」的商機，便「利」無反顧地做出決策，白手起家做獨門生產，由此發了大財。

年僅十七歲的小農夫亞默爾，在淘金與賣涼水的比較中，英明地做出了「捨金要水」

的決策，成爲一個白手起家的典範。

而希爾頓「旅店帝國」的崛起，更是對乙推銷員未能做出決策的極大嘲諷。

一次世界大戰後，退伍老兵希爾頓四處奔波，希望謀求一份長久發展的事業，卻總是未能得志。

那天晚上，他向「莫希利旅店」走去，想在這裡住宿一夜。跨進旅店大門，希爾頓看到走廊裡站滿了人，他們吵著擠到櫃檯前，爭著讓值班員辦理住宿登記手續。希爾頓擠到前面，正準備開口要一個房間時，那個登記員卻蓋上了他的登記簿，說道：「客滿了。」

頓時，許多人目瞪口呆。之後，人們紛紛像小孩搶座位一樣，爭奪著走廊裡僅有的幾張椅子。等到他也想擠進這行列時，座位也早被占滿了。希爾頓只好靠著一根褪了漆的柱子站著，盤算下一步該怎麼辦。

一位板著面孔的紳士出現了，他推推這個，又推推那個，力圖趕走椅子上的人們。最後，他走到希爾頓面前：

「對不起，朋友！請在八小時後我們騰空這個地方再來。」「你的意思是說，你讓他們睡八個小時，就做第二輪生意嗎？」

「是的。」

「你是這家旅店的主人嗎？」

「是的，我被它束縛住了。這個時候，我應該出去闖天下，在油田方面賺大錢。」

「可你的旅店生意並不壞呀！」

「是啊，在別人一夜之間就成爲百萬富翁的時候，你願意自己待在旅店裡不得脫身嗎？眞希望我能夠擺脫這個地方……」

機會從天而降，希爾頓簡直不敢相信自己的耳朵，他竭力抑制自己內心的興奮，平靜地問道：「你是說，這家旅店準備出售？」

「是的，任何人付五萬美元現金，就可以獲得這家旅店，連同這裡的所有設備。」

希爾頓馬上說：「先生，你已經找到一個買主了。」

用了三個小時，希爾頓查閱了莫希利旅店的賬簿，發現這個想發石油財的人是個十足的傻瓜。他當即做出決策，買下這家旅店。

經過一番唇槍舌劍，討價還價，最後店主願以四．五萬美元的價格出售，比原來的開價降低了一〇％。

希爾頓腰中無錢，不過這不會成爲成功創業者放棄目標的理由。希爾頓立即到處籌集購買旅店的現款，在協定載明的最後交款時間前五分鐘，他終於把全部現款交到了店主手中。莫希利旅店由此成爲希爾頓「旅店帝國」發跡史上的第一頁。不可否認，乙推銷員的識見是值得贊佩的，可惜未能邁出最爲至關緊要的一步——大膽做出決策自己創業，以致錯失發財良機。這應該作爲所有準備創業者的警惕，該決斷時就決斷，切莫因這樣或那樣的藉口，拱手將大好機會送給他人。

其二，兩位老闆之間的比較也是挺有意思的。應該說，他們得到的市場基本情報完全一致——非洲人喜歡打赤腳，不穿鞋子。但甲老闆未能像乙推銷員那樣，看出其中的商機，而是不動腦筋地聽信甲推銷員幾近愚笨的、沒有市場眼光的看法。這是甲老闆缺乏識見，自然也無法做出開發非洲皮鞋市場的決策。乙老闆就不同了，儘管有乙推銷員開發市場的建議，但實際情形的確是「現在無市場」。他之所以採納了乙推銷員的建議，並做出了開發非洲皮鞋市場的決策，說明他自己也有這樣的識見，以戰略眼光看到了那片未開墾的皮鞋市場有美好發展前景。

乙老闆的決策，不由得令人想起當年美孚石油公司進軍中國這片古老土地時的情景。

那時的中國老百姓，點燈用的是菜油，燈盞則是形式各異的碟形容器。這樣的照明方式，費用既昂貴且不夠明亮，碟子的容積也小，容易打翻，用起來很不方便。然而，要改變一個民族的傳統生活習慣，談何容易。可是，美孚公司的決策者看好中國這一個巨大市場的潛力，堅信美孚燈和煤油的優越性遲早會被中國的老百姓接受。於是，他們在經營策略上首先採取了買油送燈的方式，讓老百姓先嘗到「甜頭」。這一招果然有效。美孚的煤油燈外形美觀，既明亮，油價又較低，且盛油容器不僅穩固，又很能裝油，老百姓一經試用之後愛不釋手，便棄菜油燈而改用煤油燈。美孚公司由此打開了中國這個最大的銷售市場，獲得巨大成功。

非洲皮鞋市場的開拓和當年美孚公司對中國市場的開拓何其相似，其共同點都在於這些老闆具有戰略性的經營眼光，敢於做出「搶先一步」的大膽決策，故而盡占勝機，大發其財。這些都是更大的財富智慧。

完美訓練三：培訓員工如培訓自己

當今世界正進入以知識經濟和社會學習為特徵的新時代。在社會學習方面，人們的基本生存（生活）狀態便是學習。要留住員工，尤其是留住核心員工的心，光是提供優厚的獎金待遇無疑是不夠的。不斷地給員工充電、加壓，滿足其對不斷進步的需要，並在工作中體會到挑戰的樂趣和自我的價值，這才是現代企業留人的眞正秘訣所在。

留住員工的心，最好的辦法就是隨時給員工充電，讓員工感覺到自己永遠在前進、適合社會的需求。如何留住員工的心，這是現代企業、事業單位都面臨的一個重大問題。員工都希望有一個好的工作環境和優厚的工作待遇，但除此之外，根據心理學家馬斯洛的人類需求理論，員工更需要不斷提高自己的工作能力和綜合素質，在工作中不斷進步並獲得足夠的成就感。然而，許多公司往往忽視了這個看似不起眼、其實非常重大的問題。歐美一些知名企業的實踐證明，如果公司給員工提供有目的的培訓課程，就會減少抱怨，也會降低離職率。

著名電腦公司IBM的每一名新員工，進入公司的時候都會吃到一頓豐盛的「自助餐」，這頓自助餐就是IBM提供給每一名新進員工的「自助餐式培訓專案」。新員工進入IBM，實習結束後可以選擇服務單位。IBM會提供員工這頓「自助餐」，由員工自選培訓專案。員工如果決定繼續留在現有崗位，可以提出自己還需要參加哪些內容的培訓，如果想更動崗位參與另一專案，也可以要求一名「師父」帶自己。對IBM的新員工來說，公司的「自助餐式培訓」體現了對每位員工的尊重，而在平等、尊重的環境中，向員工提供充滿挑戰性的工作、有系統的學習和培訓，以及成功的機會，會使員工得到工作中的價值和滿足感。IBM憑藉此培訓機制大大鞏固了公司團隊，降低了員工離職率。

與IBM有共識的愛立信公司也積極鼓勵員工持續的進步，因此，愛立信給員工創造持續發展的空間，提供機會以改善其適應能力，並從變化中受益。

世界各大公司如此看重員工培訓絕非沒有道理，在現代社會中，提高員工的素質才能加強員工對企業的忠誠度，從而提升企業整體素質，這已成爲企業在激烈市場競爭中獲勝的重要保證。那麼，如何培訓自己的員工呢？IBM公司建立了自己的網路大學，給員工的自選培訓提供更多的便利。網上開設了幾千門課程，並向員工提供資金賬戶，供學員根據自己的時間隨時安排學習，解決了學習、培訓與工作衝突的問題。課程形式既有教材學習，也有眞實或虛擬專案訓練，具有極高的實用性。

熟知員工的心願和動機

你必須像開發自身一樣來開發你的員工。既然員工是一家企業的關鍵資源，那麼，員工懂得越多，做得越勤，潛能的發揮和奉獻就越大。

我的一名主顧辦了一家廣告代理公司，手下有二十五名員工。他送文案編輯和企劃人員到海外學習，把這些人的能力培養到最佳。他每周都舉辦培訓課，為員工訂閱每一種企劃類的雜誌。結果，他不僅在員工優秀的工作中得到了效益，而且長期留住了這些人的心——這在跳槽普遍的廣告界可是罕見的事情。

一般而言，當財務吃緊的時候，員工的培訓預算總是首先成為被砍掉的對象。實際上，在情勢危難中提高員工的能力更為重要。千萬不要把員工培訓當成可有可無的選項——這恰恰是企業應該堅持的關鍵，也是讓你的企業能夠繼續前行的動力所在。

麥當勞在澳大利亞這個國家，整整賠了最初的七個年頭。其美國的母公司運用了所有的力量、資源和知識，都沒有獲利。如果你今天去問問它的執長，為什麼澳大利亞分公司現在成了獲利最大的分公司，他會告訴你：「少一點功能表，多一點培訓。」他還會告訴你，自己如何用一年多的利潤為代價來投資培訓，為自己買來了一條康莊大道。

雄心勃勃的員工總有你未曾料到的想法。當你明白了這一點——這很容易看出來——

就給他更多的機會證明自己。你越對他信任，他回報給你的就越多，即使有一天野心驅使他離你而去，他也會對你給過他機會而感恩戴德。

韋恩・皮斯是澳大利亞前足球隊隊長，現在成了教練。足球賽前，他不會走進更衣室喊話，也不會向球員們動員。他的秘訣是熟知每一名球員，瞭解每個人的成就動機。一些教練喜歡高聲吼叫，但是有些則在恰當的時候恰當地沈默。企業合理縱容員工的雄心，也是一樣道理。你必須清楚每個人的心願和動機，在策動此人的雄心時先要熟知這個人。

完美訓練四：得資訊者得天下

人們常說，時間就是金錢，而經營實務證明，資訊也是金錢。資訊抓得越快越準，賺錢的機會就越多。誰能對得到的資訊反應最爲敏捷，並迅速採取行動，誰就可能成爲贏家。

現代企業都極爲重視資訊，千方百計地收集商業情報，以做到知己知彼，百戰不殆。很多原來一文不名的小人物，只因爲抓住了一條有用的資訊而成爲富翁。下面所講的就是一位日本企業家古川久好在一家公司當職員時，如何以報紙上一條不起眼的消息而走上了致富之路的眞實故事。

十二年前，古川久好只是一家公司的小職員，爲上司做一些文書工作，跑跑腿，整理報刊材料。工作很是辛苦，薪水又不高，他總在想辦法賺大錢。有一天，報紙上有這樣一條介紹美國商店的專題報道，其中一段提到了自動販賣機。上面寫道：「現在美國各地都大量採用販賣機來銷售貨品，這種販賣機不需要雇人看守，一天二十四小時可隨時供應商品，而且在任何地方都可以營業。它給人們帶來方便。可以預料，隨著時代進步，這種新的售貨方法會越來越普及，必將被廣大的企業所採用，消費者也會很快地接受這種方式，其前景一片光明。」

古川久好開始在這上面動腦筋，他想：「日本將來也必然會邁入自銷售的時代。這項生意最合適沒有什麼本錢的人。我何不趁此機會，經營新行業。至於販賣機裡的商品，應該搜集一些新奇的東西。」於是他向朋友和親戚借錢購買自動販賣機，籌到了三十萬日元，這筆錢對於一個小職員來說不是小數目。他以一台一萬五千日元的價格買下二十台販賣機，設置在酒吧、劇院、車站等公共場所，把一些日用百貨、飲料、酒類、報刊雜誌等放入販賣機，開始了他的新型事業。

古川久好的這一舉措，果然給他帶來了大量的財富。人們頭一次見到公共場所的自動販賣機，感到很新鮮，只需往裡投入硬幣，販賣機就會自動打開，送出你需要的東西。古川久好的自動販賣機第一個月就爲他賺到一百多萬日元。他再把每個月賺的錢投資於販賣機上，擴大經營的規模。五個月後，古川不僅早已連本帶利還清了借款，還淨賺了近兩千萬日元。一條有用的資訊造就了一名富翁。

美國前總統卡特在一九七九年發表了一篇題爲《照亮道路》的講話，他說：「資訊就像我們呼吸的空氣一樣，是一種資源。精確的資訊，如同我們身體所需要的氧氣。」資訊是一種軟資源，誰擁有了它，誰就掌握了主動權。

掌握資訊必須全面而準確

決策離不開資訊，所以我們對資訊有一定要求，最基本的要求就是準確。準確是資訊的生命，也是決策的生命。沒有準確的資訊，就不會有準確而科學的決策。爲此，在決策中一定要收集和運用準確的資訊，防止資訊在傳遞和加工中失眞。二十世九〇年代，在美國享有極高聲譽的兩家製筆公司展開了一場空前激烈的競爭。出人意料的是，勢力雄厚、財大氣粗的派克公司竟一敗塗改地。而克羅斯公司則乘機崛起，成了美國製筆業的新霸主。

被稱爲「世界第一筆」的派克筆，於一八八九年申請專利，至今已歷經一百餘年而長盛不衰，年銷量達到五千五百萬支，產品銷至全世界一百二十多個國家和地區。克羅斯筆有九十多年歷史，年銷量六千多萬支。所不同的是，派克筆佔領的是高檔市場，克羅斯筆則熱衷於低檔市場。這兩家公司的產品走向並不是一開始就這樣，而是經過幾番競爭才形成的。數十年來，這兩家製筆公司雖然在表面上井水不犯河水，但在暗地裡卻不斷加強自己的力量，雙方鬥智鬥勇，各使絕招。派克公司派出間諜多次策反克羅斯的技術人員，而克羅斯公司也以牙還牙，利用收買對方關鍵人員和竊聽等手段，不斷獲得派克公司的財務情報。

二十世紀九〇年代初，鋼筆市場的競爭日趨激烈，爲了在激烈的競爭中進一步拓展市場，派克公司任命了新的總裁彼特森。與此同時，克羅斯公司也在採取對策，除調整經銷策略外，還加緊搜集彼特森的興趣、愛好，以及上任後所要實施的策略。

由於種種原因，鋼筆的高檔品市場呈現疲軟，爲了不影響公司的經濟效益，也爲了打響上任後頭一炮，彼特森想在拓展市場方面下一番功夫。正密切注視彼特森決策動向的克羅斯公司獲悉這一資訊後，立即召開會議研討對策，決定實施反間計，和派克公司展開一場殊死較量。

克羅斯公司透過一家有名氣的公關顧問公司，向彼特森提出了「保持高檔市場，大力開拓低檔產品市場」的建議。這正中彼特森下懷。顧問公司的權威建議，使彼特森沒有把主要精力放在因應市場變化上，來改進派克筆的款式和品質，鞏固發展已有的高檔市場，而是採納了開拓低檔產品市場的建議，趁高檔產品市場疲軟之時，全力開拓低檔產品市場。

聽到這個消息，克羅斯公司欣喜若狂，趕緊實施第二步計劃。先是裝模作樣地召開應急會議，做出慌恐膽怯狀，制定出了和派克公司爭奪低檔產品市場的措施，然後由公司總裁給派克公司總裁致函，聲言兩家產品市場的走向是有協定的，你們不能出爾反爾，做出逾行規的不義之事。克羅斯這麼一番逼眞的表演，愈發堅定了彼特森的決策信心，緊鑼密鼓地開始向低檔鋼筆市場進軍。爲了不使派克公司看出破綻，窺出有詐，克羅斯公司還做了幾次廣告，製造競爭的緊張氣氛，擺出一付決戰的架勢。這一切使派克公司看在眼裡，急在心頭，為了搶先一步，公司憑藉財大氣粗和名牌效應，投以鉅資大做廣告，製造聲勢。

克羅斯公司見已達到預期目標，便傾全力向空虛的高檔鋼筆市場挺進。

而儘管派克公司花了不小的力氣，抵擋產品的市場效果卻收效甚微。試想，派克筆是高檔產品，是體面的標誌，人們購買派克筆，不僅是為了買一種書寫工具，更主要的是一種形象，以此證明自己的身份。派克價格再昂貴，人們也樂意接受。而現在，高貴的派克筆卻成了三美元一支的低檔貨，這還有什麼名牌可言呢？派克公司打進了低檔市場，但沒有達到預期目的。不僅如此，消費者像受了愚弄似的，拒絕接受廉價的派克筆。

由派克公司的教訓中我們悟出：有時候出於種種原因，我們還沒來得及掌握全面的情況，就不得不憑直覺做出各種決策；在這種情況下做出的決策，極可能是錯誤的。

第四章

富人拚命保守的秘密

一、為自己拼事業的人是真英雄

「我要致富，我能致富」，在「要」與「能」之間，實際上還存在著一個如何去致富的道路選擇問題。通常說來，這個問題有兩種基本選擇：一是爲他人工作（到某公司旗下去做一名員工）；一是爲自己工作（也就是自己當老闆創業）。

第一種選擇肯定是與致富之志不相吻合的。當然，我們也可以相信你比一般人有能力，可能從一般的低級職員幹到高級職員，坐擁高薪。但即使如此，你仍然是在爲別人工作，你幹得越好，對老闆的貢獻也就越大，而你自己眞正拿到的，只是你付出的少部分甚至極少部分報酬。同時，也正因爲你滿足於自己職位的遷升和薪水的調升，使你愈離不開那「舒適的溫柔區」，從而更加牢牢地把你套在「爲他人工作」的位置上，讓你動彈不得。

羅伯特先生對這種「爲他人」的現象做了非常生動的比喻——「老鼠賽跑」。讓我們來看看他的闡述，從中也許能大獲收益。

逃出「老鼠賽跑」的陷阱

看看一般受過教育的、努力工作的人的生活，就會看到一條十分相似的道路。孩子出生了，然後去上學，自豪的父母十分興奮，因爲他們的孩子成績十分出色，而且進了一流大學。之後這孩子畢業了，也許繼續深造，然後像編好的程式一樣，找個安全、穩定的工作，也許成爲醫生或律師，或進了政府部門。他開始掙錢，手裡有了錢，這孩子去了其他年輕人喜歡去的地方。在那兒他開始結交女友，他們約會，不久結婚，現在生活一片大好。因爲現代社會裡丈夫和妻子都工作，兩份收入讓生活變成天堂。他們也覺得獲得了成功，前途光明，於是決定買房、買車、度假並且生孩子。問題來了！過這種生活需要大量的錢，這讓他們認定堅守工作是最重要的，並且開始更加努力工作，尋求升遷和加薪。

加薪實現了，而另一個孩子的出生使他們需要一個更大的房子，他們不得不更努力工作。他們成爲模範員工，甚至有爲公司獻身的精神。他們又進了學校接受更多的培訓，以便讓他們能賺更多的錢，也許他們幹了兩份工作。他們的收入上升了，但同時繳交的所得稅和房屋稅也更可觀，他們的社會保險金額上升了。他們領高薪卻想不懂錢都到哪兒去了。他們買了些基金，而且用信用卡買單付帳。孩子們長大了，爲供他們上大學和爲自己退休所需，要準備的錢也越來越多。

這對快樂夫婦，在三十五歲後陷入了「老鼠賽跑」的陷阱。他們不停地爲公司的老闆工作，透過繳稅爲政府工作，透過支付住房貸款和信用卡貸款爲銀行工作，但等待他們的只是越來越多的債務和催款單，於是他們又加倍努力工作，再獲取更多債務，並最終陷於財務緊張的循環而不能自拔。

接著，他們建議自己的孩子努力學習，取得好成績，找個安全有保障的工作或職業。而對於錢，除了從那些想利用他們、從他們的天眞中獲得好處的顧主那兒學到點東西外，他們什麼也沒學到。他們終生努力工作，隨後這個過程又將在他們的下一代中重演，這就叫「老鼠賽跑」。

眞是精彩之極。這是普通人自覺或不自覺地選擇的生存模式和工作方式。顯然，這條路是不可能通向致富之路的。但是，我們既沒有必要，也不會去貶低這種人。世界上不可能、也不會人人都去做老闆，總得有大部分的人去進行這種「老鼠賽跑」的「遊戲」。人人都有選擇自己生存道路的權利，何況這的確也算得上是一種平穩的生活。

需要問的是：你究竟有沒有決心打破這種平穩，跳到「賽跑」的圈子之外另謀發展？

講白了，就是自己當老闆！

俗話說，「寧爲雞頭，不做鳳尾」，那怕是做個小老闆，也是極有發展前途的。哪個大富翁不是從小做大的？又有哪個大富翁不是自己當老闆？爲自己工作，同時也意味著讓別人來爲你工作。諸多道理，都明白無誤地告訴你：「要致富，就得自己當老闆。」

不過，創業之初的老闆也不是好當的。不僅要失去平穩安適的生活，還得備嘗工作的艱辛，以及承擔經營的風險和隨之帶來的對家庭和親人的影響等等。一切的一切，都要你付出很多很多。

說眞的，當老闆並不是好玩的，財富不會輕易地就流到你的口袋裡。即使創出了一份產業，仍然還需要你費盡心血去好好經營。

兩條道路，兩種生存方式，人人都有選擇的權利。

約翰．華納馬克原是一家零售店的店員。他早就暗下決心，有朝一日，一定開一家屬於自己的店。所以他在店裡認眞幹活，虛心學習，從進貨、賣貨，到零售、批發，絕不放過任何一個環節，以此爲他日後的獨立經營打下堅實的基礎。

有一天，他對老闆說：「我想開一家自己的店！」

老闆先是一愣，然後哈哈大笑著對他說；「你窮得連襯衫都買不起，還開自己的店呢？」

「我一定會做到的！」華納馬克斬釘截鐵地回答。結果幾年後，華納馬克開了自己的店，而且在他的事業達到頂峰時，還是美國最大的零售店。

芭芭拉在一家人事顧問公司當行政部經理，年薪高達五萬美元，屬於標準的「白領菁英」。從收入來說，算是很不錯的了。

但是芭芭拉的工作太辛苦忙碌，根本沒什麼時間陪伴她幼稚園的小女兒。身爲母親，她常感內心不安。五年前，她的心肝寶貝生日那一天，她百忙中抽空到百貨公司選購了一隻玩具熊，把它寄到幼稚園，希望給女兒一個驚喜。

芭芭拉說：「出乎意料，其他家長、老師及同學看到從天而降的玩具熊時，大家都感到很興奮。我靈機一動，相信這是一個發財的好機會。」

此時的芭芭拉突然面臨一個選擇：是繼續待在原來那待遇優厚的職位上，過著比一般人舒適富足的平靜生活，還是辭去職位，迎接新的未知挑戰。儘管她碰上了機遇，並獲得創意，但這畢竟不等於成功，也有風險。

芭芭拉沒有猶豫，她勇敢地選擇了後者，自己當起老闆。

既然人們對突然而至的玩具熊那麼興奮，她便採用郵購方式將玩具熊寄到客戶家中，首創了美國第一家玩具熊快遞服務公司。結果在一年內，她的公司便做了五百萬美元的生意，自己也成爲商場上人們津津樂道的女強人。

讓我們再來看看「老鼠賽跑」這個「遊戲」的主人羅伯特先生是怎樣跳出那個圈子的。

在羅伯特先生的認知裡，兩條道路的選擇是非常清楚的。他明白他「窮爸爸」的建議——順著公司的梯子，一步一步往上爬——是不足取的。如果只是在大公司裡找個差事，僅僅依賴雇主的工資，「就永遠只能是乖乖待擠的奶牛」。他讚賞的是「富爸爸」的反問：「爲什麼不當梯子的主人？」他要擁有自己的公司。

與一般的雇工不同，羅伯特一開始就抱有明確的目的，要爲自己將來的公司累積資本。所以二十歲時，他到施樂公司當雇員。

在這段期間，他掙了許多錢，但每次看到薪資單時，羅伯特就感到失望，扣除額是如此之大，而且他越是努力工作，扣掉的就越多。

羅伯特當然不會忘記自己的願望。一九七四年，羅伯特建立了他的第一家企業，同時，仍在施樂公司工作。爲了累積資產基礎，他開始兩頭工作。因爲他知道夏威夷正在進行開發，大有發財機會，他要攢錢來開始自己的房地產投資，並隨即行動。

下面，讓我們來對比一下羅伯特在爲別人工作和爲自己工作時的情況：

在施樂公司工作，我賣出的施樂機器越多，掙的錢就越多，當然，我掙得越多，扣的也就越多，這可不是件振奮人心的事情，但我可以透過努力工作跳出爲人作嫁的陷阱。到一九七八年，我的銷售業績總是列在公司的前五名，並經常是第一名，儘管我一再受到公司的嘉獎，但我仍想跳出這場「老鼠賽跑」。

不到三年的時間，我在自己的小房地產公司裡掙到的錢比在施樂掙到的更多。而且我在自己的企業中掙到的錢，完全爲我所用。不久，我用公司的收入買了我的第一輛保時捷，施樂的同事認爲我是用薪水買的，可事實上，我正在不斷地把薪水投資於房地產，而用投資爲我生產出來的錢購買我想要的東西。

我的錢爲我掙回更多的錢，在我的資產中，每一元錢都是一名雇員，它們努力工作並帶回更多的雇員，而且還能用稅前收入爲我購買新的保時捷。我仍在繼續努力爲施樂工作，但同時，我的計劃也在按部就班地進行著，保時捷就是證明。

後面的結局不用說大家都很清楚，羅伯特先生最終跳出「老鼠賽跑」的圈子，走上了獨立發展的道路。走老闆之路，這是致富的必然選擇。

二、先下手為強

一九一〇年，德國行爲科學家海因羅特在實驗過程中，發現了一個十分有趣的現象：剛剛破殼而出的小鵝，會本能地跟隨在牠第一眼見到的自己母親後面。但是，如果牠第一眼看到的不是自己的母親，而是其他活動物體，如一隻獵犬或者一隻鵝，牠也會自動跟隨其後。而一旦小鵝認定了這個對象，就不會改變。

後來另一位德國行爲學家洛倫茲稱之爲「印刻效應」，這現象不僅存在於低等動物裡，而且同樣存在於人類之中。幾乎所有的心理學家都知道，人類對最初接受的資訊和最初接觸的人都留有深刻印象。人類對任何堪稱「第一」的事物都具有極強的記憶力：

第一個統一中國的皇帝是秦始皇。

第一個美國總統是華盛頓。

第一個使用活字印刷術的是中國人畢昇。

第一個發明電話的是美國人貝爾。

第一個駕駛飛機橫越北大西洋的是林白。

第一個在月球漫步的是阿姆斯壯。

我們能夠舉出的第一還有許許多多。但是，讓我們認眞地想一想，誰是第二呢？看來，人類也確實和那隻小鵝一樣，承認第一，但無視第二。

……

如果你感到上面那些第一都離你遠了點，那麼不妨審視一下你自己的生活。你記得上大學的第一天，記得你的第一位老師，記得你到工作單位報到遇見的第一位同事，記得第一次拿的薪水數額，當然，你更不會忘了你的初戀情人。在你的個人生活中，你同樣承認第一，但卻無視第二。

「第一個」是成功的代名詞

向廣袤的市場推進時，第一同樣意味著勝利，而第二就是失敗！在今天這個資訊爆炸而人類心理嚴重超載的世界，第一個（不是事實上的第一，而是消費者觀念上的第一個）所建立的地位具有巨大的優勢。假如你未能首先進入你潛在顧客的心智，那麼你就有定位上的困難。

有人計算過，在市場上最先進入消費者心中的商品品牌，比第二位的商品品牌同期的市場佔有率要多一倍以上。在物質豐富的社會，五花八門的商品資訊已讓消費者無所適從，他們是按照商品的順序來接受商品資訊的。因此，在商品進入市場之時，便應迅速在消費者心中佔領「第一」的位置。

這並非意味著要在大庭廣眾之下向人們宣佈「我是第一」，即使你確實是第一，對那些知道你是第一的人來說，也會奇怪你爲什麼非要說出來不可？而對那些不知道你是第一的人來說，這種自吹自擂的話難免使人懷疑，果眞是第一嗎？我們不宜主觀地用自己的話封自己是第一，借用潛在消費者的話來表達，倒不失爲一種可信的方式。

「只有可口可樂，才是眞正的可樂。」便是一種成功的口號。雖然沒有直接宣揚自己第一，但它卻暗示消費者：可口可樂是衡量其他飲料的一種標準，在這一標準之下，其他可樂都是模仿可口可樂這種「眞正的可樂」。這樣的表達自然十分容易在消費者的心中佔據獨特的心理位置。眞正的可樂，就是一種獨特的位置。

與「第一」建立起血緣關係

假如你不是第一怎麼辦？不妨先來看看在廣告界常常爲人引用的兩例個案。

第一宗個案的主角是美國愛維斯（Avis）出租汽車公司。這家出租汽車公司的規模僅次於出租汽車業中的「老大」赫茲公司，但在二十世紀六、七〇年代卻連續十三年處於虧損狀態，與赫茲公司不能同日而語。在逆境中，愛維斯公司開展了一場卓有成效的廣告策略，而其中最成功的就是爲公司本身所確立的市場位置：

「在出租車業中，愛維斯不過是老二，那爲什麼還租用我們的車？因爲我們更加努力呀！」

愛維斯開始承認自己是第二位，這看起來是挺傷心的事，但隨後奇蹟卻出現了！在這以後的第一年，愛維斯賺了一百二十萬美元，第二年二百六十萬，第三年五百萬……

雖然許多人都猜測這家公司的成功確實如它自己所說，是比其他公司十倍甚至百倍的努力，但事實並非全部如此，他們的成功應歸功於其優秀的廣告策略：承認赫茲的地位，再透過與赫茲的比較，在消費者心目中建立與赫茲的關聯。不過，這種關聯並非單單與赫茲，而是一種與「第一」的關聯。說簡單些，當你的公司不是第一時，透過與「第一」建立「對比」關係，佔據「第二」位置，不失爲一種優秀的廣告策略。

第二宗個案的主角是現已大名鼎鼎的美國「七喜」汽水。在它出現之前，美國的飲料市場已經被可口可樂和百事可樂等飲料佔領。據統計，市場上銷售的每三瓶飲料中，就有二瓶是可樂類飲料，爲了在飲料市場上佔據自己的位置，七喜奇兵突襲，採用了這樣的廣告用語：「七喜，非可樂。」這樣，它以一種不同於愛維斯的方法，和在消費者心目中紮下根的可樂飲料發生了聯繫，使七喜汽水成爲消費者非可樂飲料的選擇。一時間，偌大的市場開始變小，飲料只剩下兩種選擇——不是可樂，就是七喜。七喜站穩了腳！

儘管具體的做法各有不同，但愛維斯和七喜的廣告策略實質卻是相同的，那就是「定位」。就像第一輛汽車問世時被人與當時通用的運輸工具——馬車加以對比，而在人類的腦中建立「汽車」這一新型運輸工具的位置；愛維斯透過與市場第一的赫茲對比，七喜透過與飲料大王可樂的對比，都在令人眼花撩亂的市場中確立自己的有利位置。

三、剝開枝蔓，進入核心

很多時候，人們都會把一些簡單的事情變得非常複雜，每一件事情都有它的核心，但是我們常常在核心部位的邊緣滋生出一系列的其他事物，將事情搞得紛繁複雜，難以理清頭緒。我經常在大學的課堂中聽講，很多老師論述某個問題的時候，會把問題講得很複雜，但是仔細想過以後會發現問題原來十分簡單。只不過分析問題的人在分析的過程中，加上了很多比喻和類比，使得問題的實質有所偏離，從而造成了學生在理解上的困難，這就是我聽課以後的體會。很多時候，人們常常把簡單的事情變得很複雜，因為在事情的核心周圍有很多他們不願意捨棄的邊緣性細節。這樣的做事方法有很多弊端，常常會因為複雜的外相而掩蓋了眞實事情的本相，使得人們的理解有所偏差，妨害了做事效率。解決的方法在於用「奧卡姆剃刀」，把煩瑣累贅一刀砍掉！

「奧卡姆剃刀」是什麼刀？

西元十四世紀前期，從法國的一所監獄中逃出一名囚犯。

那時歐洲正處在黑暗的中世紀，一個犯人越獄算不了什麼大事，可是此人非比尋常，他是一位很有學問的天主教教士，人稱「駁不倒的博士」。

他叫威廉，出生於英國的奧卡姆，人們叫他「奧卡姆的威廉」。他曾在巴黎大學和牛津大學學習，知識淵博，能言善辯。由於他發表的言論有許多與當時的羅馬教廷不合，因此被囚禁在法國的監獄。

在獄中過了五年，他找到機會逃了出來，跑到巴伐利亞去找那裡的國王，他給國王講了一句很有名的話；「你用劍保護我，我用筆保護你。」於是正在和教廷鬧彆扭的國王立刻收容了他。

隨後他著書立說，名聲大振。他對當時無休無止的關於「共相」、「本質」之類的爭吵感到厭倦，主張唯名論，只承認確實存在的東西，認為那些空洞無物的普遍性概念都是無用的累贅，應當被無情地「剃除」。

這也就是他所謂的「思維經濟原則」，概括起來就是「如無必要，勿增實體」。因為他是英國奧卡姆人，人們就把這句話稱為「奧卡姆剃刀」。這把剃刀出鞘以後，剃去了幾百年間爭論不休的經院哲學，剃禿了活躍一千年的基督教神學，使科學、哲學從神學分離出來，引發了歐洲的文藝復興和宗教改革，譜寫了全世界現代化的第一篇章，或者說是序曲。

經過數百年的歲月，奧卡姆剃刀已被歷史磨得越來越快，早已超越了原來狹窄的領域，具有更廣泛、豐富和深刻的意義。

在某種意義上，「奧卡姆剃刀」是一種「反動」哲學。人類文明的不斷發展，就是世界在不停增添新的內容，而「奧卡姆剃刀」卻不斷向我們的文明成果發出挑戰，指出許多東西實際上是有害無益，而我們正在被這些自己製造的麻煩壓垮。

我們生活在不堪重負的時代

不可否認，人類已經進入了一個不堪重負的時代。世界人口總數已突破六十億，全球環境問題越來越嚴峻，人與自然的對立空前緊張。

同時，我們的生活也變得更爲不安和沈重，人們爲生活奔忙，爲工作壓力所苦，休息和休閒時間越來越少。

最爲嚴重的是，我們的組織正在不斷膨脹，制度越來越繁瑣，文件越來越多，效率越來越差。大公司員工數量的增長，導致了員工之間相互影響的幾何增長。如果公司只有十個員工，那麼員工可以彼此保持聯繫；如果公司有一千名員工，一對一相互交流會變得非常複雜；如果公司有一萬名員工，那麼員工之間的交流會變成不可能。要處理這種僅僅因爲企業規模產生的員工之間複雜交流，我們需要更複雜的系統。如果我們留心就會發現，一份常見的商務建議書往往厚厚的一疊。再看看一些高層經理們的個人計劃，計劃中的目標數不勝數。雖然我們的物質生活比過去任何一個時代都富足和舒適，但是我們的幸福感和滿足感比任何時代都差。我們創造了前所未有的財富，卻發現自己成了這些巨大財富的奴隸。

兩千多年前，蘇格拉底站在熙熙攘攘的雅典集市上感嘆：

「這兒有多少東西是我不需要的！」雖然，我們不能也不該回到那個「小國寡民」的時代，但蘇格拉底的感歎值得我們深思。

面對這個已經嚴重超載的世界，面對這些無限膨脹臃腫的組織，面對已被太多的欲望壓得喘不過氣的人類，我們比過去任何時候都需要這把閃著陰冷寒光的「奧卡姆剃刀」。

棋王的秘密

人類總喜歡把事情變得複雜，但事情並不都是越複雜越好。

優秀企業的一個主要特徵，就是他們知道保持事情簡單化的重要性，不管多複雜的事情都能簡化，變得簡單易行。

事實上，由於人類思維方式的限制，簡單的資訊遠比複雜的資訊更有利於人類的思考和決策。諾貝爾獎獲獎者赫伯特．西蒙（Herhert simon）最近幾年一直在研究人工智慧，他試圖使電腦像人那樣「思考」，而不是無效率地尋找答案。西蒙在人工智慧的研究中發現了另一個令人著迷的結論。他和同事研究了用可編程電腦下棋，他們首先假定電腦可以在嚴格理性的基礎上下棋，也就是說，人們可以像決策樹那樣給電腦編程，讓電腦在每走一步之前，都搜索和檢查所有可能的招數及對手的應招，然後再做出決策。

在理論上，這一設想能夠完成，然而它是不實際的。因爲可能招數有十的一百二十次方那麼多（十的一百二十次方是一萬億），現在最快的電腦在一個世紀內也只能計算十的二十次方。因此，給電腦編程，使得電腦很理性的下棋，在技術上是不可行的。

那麼，優秀的棋手能保持很高的勝率，其原因是什麼呢？

西蒙要求世界上最好的棋王用十秒鐘飛快地掃一眼正在進行的棋局，棋盤上仍然有二十個左右的棋子。他發現，棋王能記起每個棋子的位置，這與短期記憶理論根本不符。當A級棋手（級別比棋王低）被要求做同樣的測試時，他們的成績比棋王差一點。但是，這個試驗還有個疑難點：當棋子的擺設是隨機的，而不是正在下棋的過程時，不管是棋王還是A級棋手，都記不住棋子的位置，所以一定有別的因素在起作用。

西蒙認爲，原因就在於棋王有更多被充分開發的長期記憶，而且這種記憶採取潛意識的記憶形式，或者是西蒙所謂的象棋「模式辭彙」。棋手下棋是這樣思考的：我見過這個棋局（模式）沒有？它的來龍去脈如何？它的前一招是什麼？它後面的局勢會如何發展？西蒙發現，A級棋手的象棋「模式辭彙」大約在兩千個左右，而棋王卻高達五萬個。棋手們使用了決策樹思維方式，但只在有限的程度上顯示出來。當我們明白了西蒙研究的含義時，會發現這個理論在別處有很大的用途。

任何領域的專家都有豐富的模式辭彙，它們是經過長年的正規教育，尤其是透過長年的實踐經歷形成的。有經驗的醫生、藝術家和機械師都有豐富的模式辭彙，這就是經驗的力量。

性。

這個發現應該好好慶祝一下，因爲在我們看來，它爲我們解釋了管理中經驗的重要有經驗的老闆有很好的直覺，他的模式辭彙（西蒙稱之爲「老朋友」）能迅速地告訴他事情是在變好還是在變糟。

模式辭彙的概念對於實行優秀管理有重大意義。它教導我們，在關鍵決策上要更加相信自己的感覺；它還教導我們，要經常詢問顧客和員工的建議，汲取他們的經驗；最後，它鼓勵我們堅信經驗的價值。

西蒙還有一項重要的發現是，人類不擅長處理大量的新資料和資訊。他發現，一般人在短期內最多能記住六到七條資訊。

因此，複雜的事情、龐大的信息量對於人們來說往往都是累贅。有時候，我們需要剝開枝蔓，進入核心。

人們在生活中常常會陷入複雜的陷阱，妨礙了自由的思考，奧卡姆剃刀揭示的簡單原則已經成爲企業成功的秘訣。企業界還流行著KISS原理（Keep it simple, stupid! 意思是「這個笨蛋，怎不知簡化！」），它與奧卡姆剃刀實際上是同一道理。

從一九八〇年起的十年當中，碧翠絲食品公司（Beatrice Foods）以前所未有的速度成長，一家接一家地購入其他企業，最後終於成長爲年銷售額高達百億美元的企業集團。它的產品相當多，從橘子汁到皮包無所不包，旗下的公司雖不及百家，但恐怕已接近經營的極限了。

但是不久，當高利率和景氣衰退接踵而來時，碧翠絲公司同其他的集團一樣，被迫放棄了旗下的許多公司，精兵簡政，才得以度過難關。

當韋爾奇上任通用電氣公司總裁時，產品線既長且亂，許多產品都是虧損經營，韋爾奇經過認眞的考慮和分析，提出「非一即二」的原則：必須把產品做成本行業數一數二，否則一律賣掉。經過多年的發展，通用電氣成爲世界上最有競爭力的企業之一。

仔細考察和分析，當今世界最富實力的企業，幾乎都遵循「簡單至上」的原則。如微軟多年來一直做Windows系列辦公軟體，英代爾公司認眞做晶片，戴爾做好自己的電腦直銷，美國有線電視致力於新聞的製作。

因此，簡單原則是企業發展壯大最基本而又最有實效的原則。可是許多企業並沒有領悟這條「基本原則」，一味追求多元化，盲目貪大求全，一會兒開發房地產，一會兒做手機，最後什麼都做不大，也永遠做不大。簡單原則是企業發展最基本的原則，同時也是最有威力、最富實效的原則。簡單是一種美，「簡單至上」是企業持續成長的法寶，它們應該始終貫穿於企業的經營活動中。

四、動機和熱忱比學歷更重要

談及創富的熱情時，成功學大師希爾博士說道：「要想獲得這個世界上的最大獎賞，你必須擁有最偉大開拓者的獻身熱情，來發展和銷售自己的才能。」

愛迪生夢想發明用電來照明的燈，從萌生念頭到夢想實現，儘管經歷了上萬次的失敗，但他仍堅持不輟，直到實現爲止。

諾貝爾更是將生命置之度外，對心愛的事業傾注了狂熱的感情，最終富冠世人。

戴爾·卡耐基是美國著名成人教育家。他運用心智，將心理學知識融會於自己的實踐活動中，對人類共同的心理特點進行探索和分析，開創並發展了一套融演講推銷術、做人處世術、智力開發術爲一體的獨特成人教育方式。美國卡耐基成人教育機構、國際卡耐基成人教育機構和它遍佈世界的分支機搆，多達一千七百餘個。接受這種教育的，不僅有明星巨商、各界領袖，也有軍政要人、內閣成員，甚至還有幾位總統，人數幾千萬，影響了幾代人。

卡耐基並沒有解決宇宙中深奧的秘密，但他源於生活常理的哲學影響和教學實踐，卻施惠於千百萬人。這些哲理如東方文明一樣古老，如十誡一般簡明，幫助人們學習處世、獲得自尊、自重、勇氣和信心，在克服人性的弱點、發揮人性的優點、開發潛在智慧從而獲得事業的成功和人生的快樂上，或許他比這一時代其他哲人所做的都要多。

根據卡耐基的說法，一個人成功的因素很多，而居於這些因素之首的就是對工作的熱情（熱忱）。他旅行全美國發表演講，在廣播中，在與他的教師會談中，都一再提到這一點。他把所說的話應用在自己的生活中，他的成功也可以說歸功於他熱忱的力量，並配合「演說專家」的詞藻。他所發散出來的熱忱從一開始就能抓住聽眾，而且使聽眾從頭到尾全神貫注的聆聽他演說。

卡耐基也把這種熱忱灌注在他的教學裡。他每看到前來聽他授課的學員有了進步，就非常興奮，以致常常在下課之後還不想回家，和他的同事根據當地的標準來檢查學員的進步情形，直到深夜。

熱忱是出自內心的熱力，散佈並充滿整個人的舉止行爲中，英文中的「熱忱」一詞由兩個希臘字根組成，一個是「內」，一個是「神」。一個熱忱的人，就像有神藏在他的內心裡。熱忱也就是內心裡的光輝——一種炙熱的精神元素深植於一個人的內心。

個人、團體、體育團隊、公司和整個社區能培養出熱忱，其報償必然是積極的行動、成功、快樂和幸福。這可以從體育雙賽中看出來。溫士．龍哈迪是美式足球史上最偉大的教練之一，皮爾博士在他的《熱忱——它能爲你做什麼？》這本小書中，記述了這樣一個有關他的故事。

龍哈迪到綠灣的時候，面對的是一支屢遭敗績而失去鬥志的球隊，他站在球隊所有隊員前面，靜靜地看著他們，過了好半晌，他以沈靜，但是很有力量的聲音說：「各位，你們要學習奔跑，你們要學習攔截，你們要勝過和你們對抗的球隊，聽到了沒有？」

「如何做到呢？」他繼續說，「你們要相信我，你們要熱衷我的方法。一塊塊秘訣就在這裡（他敲著自己的印堂）。從此以後，我要你們只想三件事——你的家、你的宗教和綠灣隊，就按照這個順序——讓熱忱充滿你們全身！」

隊員都從他們的椅子上坐正起來，覺得雄心萬丈。那一年他們贏得了七場勝利——球員還是去年的球員，但是去年卻敗了十場。第二年他們贏得區冠軍，第三年更贏得了世界冠軍。怎麼會呢？原因不只是球員的辛苦練習、技巧的提高和對運動的喜愛，還有熱忱才能造就這樣的不同。

發生在綠灣隊身上的情形，也可以發生在教室、公司、國家或一個人身上。頭腦想什麼，結果就會是什麼。一個人眞的充滿了熱忱，你就可以從他的眼神裡，從他勤快、感動人心的行動中看得出來，你也可以從他輕快的步伐中看得出來，你還可以從他全身的活力看得出來。熱忱可以改變一個人對他人、對工作，以及對整個世界的態度。熱忱使得一個人更加喜愛人生。

卡耐基常常引述紐約中央鐵路公司前總經理佛瑞德瑞克·威廉生的話：「我愈老愈確定熱忱是成功的秘訣。成功的人和失敗的人在技術、能力和智慧上的差別通常並不很大，但是如果兩個人各方面都差不多，具有熱忱的人將更能得償所願。一個人能力不足，但如果他具有熱忱，通常會勝過能力很強，但是欠缺熱忱的人。」卡耐基覺得，威廉生的話清楚反映了他自己的觀念，因此就寫了一本小冊子，談論熱忱的重要性，並且把這本小冊子發給卡耐基教育班的每一個學員。

熱忱必須發自一個人的內心，假裝的熱忱不可能持續多久。激勵熱忱持久的有效方法是制訂出一個具體目標，努力工作去達到這個目標；而在達到這個目標之後，再訂出另一個目標，努力去達到。這樣做可能提供動力和挑戰，幫助一個人維持熱忱於不墜。

五、不精明的商人不是好商人

生意人也應像平常人一樣，不能做損人利己的事。樸實正直是一種聰明絕頂的競爭手段。有了政治的品德，再加上經營的能力和創業精神，就能夠把自己的事業引向輝煌。

在美國，有一位農家子弟完全靠個人的力量做起食品加工業，後來竟成為國際知名企業家，這個人就是亨利．J．霍金士。

霍金士一生保持了農民純樸的性格，他在企業界成功，得力於他樸實、正直的品性。當然，在商業上僅靠厚道是不夠的，同時還必須兼備另一種才能，就是經營的能力和創業精神。霍金士正是一位能把農民的誠實和商人的精明融為一體的企業家。

霍金士在經營食品加工業初期，美國的「純正食品法」還沒有制定，有不少食品業在食品中亂加一些東西，危害人們的健康。

霍金士一開始就反對這樣做。他認為，賺錢要賺得正正當當，尤其是食品這一行，不能為了賺錢而損害消費者的利益，甚至危害消費者的健康。他說：「供應消費者優良的食品是我們的天職，不能一味在價格上做文章，在原料上動手腳。」保證食品純正，這是他在經營上的大原則。

他還嚴格要求公司的員工，抱著「這些食品是我們自己要吃」的心理去工作，應特別注意衛生。

但在價格問題上，他「從不遷就消費者」。他認爲，自己提供的既是優質產品，理應得到相對的價格；消費者既然吃到純正的食品，就必須付出相對的費用。

霍金士堅持自己的原則幾乎到了固執的地步，這在同行中受到不少非議。他堅持質地純正，所以凡是在食品加入任何東西，必須經過專家試驗，證明這樣做於人體無害，方可生產，食品添加防腐劑也不例外。

經過試驗，證明防腐劑對人體有害，霍金士看了實驗報告，甚爲震驚。因爲同行幾乎在所有的食品中都添加了這種防腐劑，這已經成爲業界慣例。

他決定將這份實驗報告公佈於世。但專家建議他再冷靜考慮一下，因爲這可能會在食品業引起軒然大波，結果很可能遭到同行的反對和排斥，給自己帶來不必要的麻煩。而且，在食品中添加防腐劑有利於食品存放和保鮮，如果反對添加防腐劑，勢必會打擊食品工業，也將危害自己的企業。

儘管專家提出反對意見，但霍金士還是堅持公布實驗結果！「既然我們知道了事情的眞相，我就不能隱瞞消費者。不管後果如何，必須馬上向消費者宣告，這是我應盡的責任。」

霍金士向社會公開了防腐劑有害的實驗報告。果然不出專家所料，他的舉動在食品業引起軒然大波。同行爲了保護自己的利益，舉行了一次聲勢浩大的說明會，把霍金士說成是「荒謬至極，別有用心」之人。他們還聯合起來，在業務上排擠霍金士，想把霍金士徹底打倒。

這確實給霍金士公司帶來了很大的困難，產品銷售量大減，市場幾乎被別的公司搶佔完了。

食品純正運動持續了三、四年之久。一九〇六年，美國政府終於制定了「純正食品法」。這一法規的創立，使美國食品在國際上聲譽大振，這是霍金士始料未及的。

更主要的是，霍金士在三、四年的磨難中，非但沒有被擊垮，現在反而獲得了全勝。他的食品也由此迎來了大發展的黃金時代。

當人們前來向霍金士祝賀時，他把自己心裡話掏出來：「我從小沒有學過做生意，後來變成了生意人，是因爲我看到很多農產品因爲沒有銷路而被棄置於田野，感到非常可惜。我一開始經商就不習慣商界的虛假和欺騙行爲。我的想法是，生意人也應該像平常人一樣，不能盡做損人利己的事。」

其實，從另一角度看，霍金士的所作所爲，何嘗不是一種聰明絕頂的競爭手段：一方面保護了消費者的健康，而另一方面，透過反對添加防腐劑，將同行逼到死胡同，自己則迎來了發展良機。

發財的道路很多，但是千萬不能賺黑心錢，以損害消費者的利益換取收益。

適當運用「欺騙」的手段

一位政治家公開說：「騙子與商人的共同點是不說假話辦不成大事。他們用建立偉業的理由把欺騙加以合法化並美化。」

大多數人在日常生活中也自覺不自覺地使用欺騙手段，這是因爲生活有時候需要一些善意的謊言緩解人們緊張、疲憊的心。而更多時候，是因爲我們必須借助適度的欺騙才能達到成就的目的。比如，公司目前面臨極大的資金困難，你必須和另一家資金雄厚的公司合作才能走出困境，倘若你將目前的困難和盤托出，對方很可能只有兩種態度，一種是掉頭而去，因爲與財務困難的對象合作，一不小心，可能自己也跟著遭受損失；第二種可能是他會趁人之危，提出苛刻的合作條件，使你無法接受，即或接受了，也使自己損失過大。這種時候，當然必須使用一點欺騙的手段，讓對方放心大膽地與自己合作。

山下擁有一家小煤炭店，但他一心想做大生意賺大錢，整日尋思辦法，倒還眞想出了一個點子。

他把自己的小煤炭店抵押，向銀行借了一筆款項，開始實施他的計劃。他打聽到神戶新開張了一家煤炭商行，老闆松永靠他父親的鉅資經營，很有實力。山下想和松永做生意，但位卑財弱，挨不上邊。於是他拐彎抹角，認識了松永父親從前的一個老部下秋原，並請秋原修書一封，去走松永的後門。山下拿到秋原的信後，先是來到神戶最豪華的西村飯店，訂了一桌宴席，然後請飯店服務員拿他的請帖和秋原的信去請松永。松永看了秋原的信，二話沒說來到西村飯店。

山下熱情地迎接松永，並把松永稱頌了一番，然後才談到正題上。他的意思是要松永提供他大批煤炭，由他轉賣給阿部老闆開辦的煤炭零售店。松永害怕受騙，猶豫不決。因爲這樣做，山下不付分文，不承擔任何風險，有風險的人是松永。

山下早預料到松永會猶豫，他把一位女服務員喚了過來，對她說：「明天我要到大阪炮兵工廠去辦事，請妳幫我買點神戶特產瓦煎餅來。」說著從懷裡掏出一大疊一萬元一張的鈔票來，隨手抽出兩張遞了過去，然後又抽出一張來，遞過去說：「這是給妳的小費。」松永在一旁看了，暗中吃驚，斷定自己是遇上了大富翁，於是當場表示願意發貨。

生意成交了，山下便推說有點小事，急步走出餐廳，追上那位服務員，把那三萬元全部都要回來。晚宴過後，他立即啓程趕回橫濱，因爲他住不起西村飯店的豪華房間。

從此以後，松永把煤炭發給山下，山下再轉給阿部，收款後才交給松永。就這樣年復一年，山下發了大財，改行後當上了日本的汽船大王，而松永也成了日本電力企業鉅子。當年山下演的那場「精彩騙局」，不僅成了二人茶餘飯後的笑料，也成了松永賴以戰勝商場艱險的精神動力和經營謀略。

這裡所說的「欺騙」絕不是那種違背法律和道德去坑害別人、謀取利潤的行爲。其目的是促使雙方成功，使兩方都得到利益，並非使對方蒙受損失來達到自己獲利的目的，而且當初許諾的條件到最後條件會實現。所以有人說，商人和騙子都懂得欺騙的價值，唯一區別是，商人最終會實現承諾，騙子則不會。

六、習慣孤獨是一個可怕的陷阱

世界正逐漸變得越來越小，個人也變得越來越孤獨了。生活在二十一世紀的人是幸福的，因爲他們可以在家裡透過網路就知天下事，透過行動電話就能廣交朋友，一則簡訊和一封 e-mail 就能代替面對面的交流，這種間接性的溝通爲人們的聯繫提供了極大的方便，我們正享受著前所未有的資訊化優勢。然而生活在二十一世紀的人同時也是不幸的，因爲這種間接的交流方式，使人們生活在相對孤立的自我世界中，慢慢變得孤獨。

這種使人喪失融入人群機會而養成孤獨的習慣，對於一個人的社交需求和心理都是一種摧殘。

聖經・舊約說，人類最初說的是同一種語言。他們在底格里斯河和幼發拉底河之間，發現了一塊異常肥沃的土地，於是就在那裡定居下來，修起城池，建造了繁華的巴比倫城。後來，他們的日子越過越好，人們爲自己的成就感到驕傲，於是決定在巴比倫修一座通天高塔，來傳頌自己的赫赫威名，並作爲集合全天下弟兄的標記，以免分散。因爲大家語言相通，同心協力，階梯式的通天塔修建得非常順利，很快就高聳入雲。上帝一看，又驚又怒，因爲上帝是不允許凡人達到自己的高度的。他看到人們這樣統一強大，心想，人們講同樣的語言，就能建起這樣的巨塔，日後還有什麼辦不成的事情呢？於是上帝決定讓人世間的語言混亂，互相難以溝通。

人們各自說起不同的語言，感情無法交流，思想很難統一，就不免互相猜疑，各執己見，爭吵鬥毆。這就是人類之間誤解的開始。修造通天塔的工程因語言紛爭而停止，人類的力量消失了，通天塔終於半途而廢。

團隊沒有默契，便不能發揮團隊績效；而團隊沒有交流溝通，也不可能達成共識。身爲領導者，要能善用任何溝通的機會，甚至創造出更多的溝通途徑，與成員充分交流。唯有領導者從自身做起，秉持對話的精神，鼓勵員工發表意見與討論，彙集經驗與知識，才能凝聚團隊共識。團隊有共識，才能激發成員的力量，讓成員心甘情願地傾力打造企業的通天塔。一個人在生命的路途上前進時，若不隨時與同伴交流溝通，便會很快落伍。

大雁有一種合作的本能，牠們飛行時都呈V型。這些雁飛行時定期變換領導者，因爲爲首的雁在前面開路，能幫助飛行在牠兩邊的同伴節省力量。科學家發現，雁以這種形式飛行，要比單獨飛行多出十二%的距離。

合作可以產生一加一大於二的倍增效果。據統計，諾貝爾獲獎者中，因合作獲獎的占三分之二以上。在諾貝爾獎設立的前二十五年，合作得獎占四一%，而現在則躍居八○%。

如果我們能把容易的事情變得簡單，把簡單的事情也變得很容易，我們做事的效率就會倍增。合作，就是簡單化、專業化、標準化的一個關鍵。世界正逐步向簡單化、專業化、標準化發展，於是合作方式就理所當然成爲這個時代的產物。

為自己尋找最佳的「合夥人」

紐約律師柯恩在幾位他所崇敬的人指導之下，練習了直覺判斷，他說：「對我來說，生活節奏如此之快，我幾乎都是靠本能在行動，我有時甚至來不及想要往哪裡走，只是被推著走。機會自動出現在我面前時，我並沒有召集三十名顧問開會商討。我自己打定主意後就放手去做。如今我也曾檢討自己的決定。我的事務所合夥人之一勃蘭非常能幹，而且有著神奇的判斷力，這是他的王牌。假如我有問題，我就會問他。大家公認我們是對好搭檔，我們已合作了二十五年！」

這個例子很明顯地說出兩件事。合夥人有他的力量存在，可以彌補一個人的短處。另外，一個人也需要來自別人的不同判斷。柯恩有自己的判斷，但他也承認這種來自別人判斷的價值。

試探和徵詢周圍人的意見，然後有彈性地加入自己的看法——銀行界九五%的決定都是這樣形成的。由於銀行業的風險很大，只要神智清醒的人，都不會以直覺下決定。

我們得認同不同的思考模式，擇取自己所需。

與人合作的七大金科玉律

到外面如何「坑矇拐騙」，回家一定實話實說

如果說做生意的人一句瞎話也沒有，這個人不是賠死，就是個典型的僞君子，絕不可來往，無奸不商恐怕就是這個道理。但是，哪怕你在外面能把天吹個窟窿，說你賣的蘿蔔是基因工程產品能治療癌症，回家可得對合作夥伴實話實說，蘿蔔還是蘿蔔。

我並非提倡大家出去詐騙客戶錢財、製造劣品，只是要合作夥伴之間永遠保持互相的

信任，如果沒有信任做爲合作基礎，任何合作都難做到底。

自己吃點小虧，讓人占點便宜

世間沒有絕對的公平，對待合作者要讓他一些便宜。雙方都讓一些利益給對方，最終大家都吃不了多少虧，不要任何事情都計較才是長遠大計。

凡事勤立規矩，不要無章可循

人在一起合作，不斷出現問題是正常的事。重要的是，問題要及時地處理，所謂及時處理就是不要累積，累積必成大患，到問題多時就不好理出頭緒來了。我的經驗就是事不過夜，哪怕只需要用一句話就可以解決的問題，也要把它用白紙黑字寫出來，大家簽上字，明天以後就照此辦理。這就是所謂勤立規矩。規矩不怕多，也不怕瑣碎，規矩就是限制，不但對別人，對自己也是一種限制。有的合作者也曾嫌我麻煩，說我這個人太囉嗦，但是後來大家都明白了我的用意。出現糾紛時，這種處理辦法最好。讓任何合作者在任何時候都對合作的狀況提不出任何疑義，安能合作不愉快？

有些合夥人，表面上看來你好我好，其實每個人的肚裡都有一本帳，問題之所以沒有爆發，只不過大家暫時認爲沒有到爆發的時候而已。一旦爆發時，都難以說清誰對誰錯，不得不拆夥。

親兄弟，明算賬

親兄弟都要明算賬，更何況外人？我們的祖先眞是說得好：「君子之交淡如水，小人之交甜如蜜。」

有朋友給你每年送一張賀年卡，你一定要給人家也回送，如果你三年不回送，你們之間的友誼就告吹了，儘管你們可能每天都見面。不信你試試？不要用無所謂來安慰自己，無所謂的可能是你，而他有所謂。

沒有永遠的一致同意

沒有最初的一致同意當然就無法合作，但是在創業過程中，絕對不可能有永遠的一致同意，如何處理不同的意見，就是合作成敗的關鍵。我看實行控股制是唯一的辦法，在不能統一意見時由控股方拍板定案。

另外，在合作之初確定好合作和退出的機制。所謂合作和退出機制從道理上大家都理解，但是在實際中往往欠缺可行性，所以關鍵是要解決機制的可行性。

要合夥時好說，無非是有人出人有錢出錢，大家認可簽字畫押。複雜的是如何退出？當合作者在治理和運作企業上存在不可協調的歧異，最好的是非控股方退出，由控股方收購非控股方的股份。

不是一路人，不進一家門

有一句話說：「不是一家人，不進一家門。」

同樣的，合作創業也需要合作夥伴「門當戶對」才好，所謂的門當戶對不是說一定要你投多少錢他也投多少錢，而是說你要和道德品格、個人素質與自己相當的人合作。否則你謹守諾言，他背信棄義；你有福同享，他唯我獨佔；你生物高科技，他回家多種地；你雍容大度，他鳥肚雞腸。

我不是說博士就不能和國小畢業的老闆合作，有些私營企業的老闆雖然沒有多少學歷，但他非常尊重文化，非常渴望文化，他知道自己的不足之處，大家取長補短，合作反而更愉快順利。但是如果沒有學歷的老闆嫉妒讀書人，雖然知道文化不可或缺，但恨世道不公，最後把你的技術偷了，你都沒法告他。

還是一句話，合作一定要和具有優良道德品格、個人修養素質高的人合作。不要一時缺錢，隨便將就，萬一碰到一個心術不良者，最後你是竹籃子打水一場空。

合作猶如談戀愛

這是我的日本朋友和我說的話，我們合作了八年，沒有發生任何合作上的紛爭和危機。他告訴我，與人合作猶如談戀愛，要時刻想著對方，要有說不完的話，要記住對方的生日，對方父母親的生日，對方孩子的生日，要在對方生病時守在對方的病床前，千萬不要只記住對方妻子的生日而已。總之，就如你二十歲談戀愛時如何追求人家，就如何對待你的合作者。之所以有些人結了婚又離婚，就是因爲他們忘了談戀愛時的表現，和那種美妙的感覺。

當然，這也適合在一起合作生意的人。

第五章

永不褪色的宣言

一、世界是不公平的，請接受並習慣這個現實！

比爾．蓋茲說：「Life is not fair, get used to it.」中文的意思就是：「人生是不公平的，要學會習慣地接受。」我們接受的教育，都說人生是公平的，其實這只是粉飾太平而已。人生是不公平的，這在生活中處處可見。有的人一出生就在達官貴人之家，吃穿無憂，憑藉各種關係就能夠隨心所欲、平步青雲；有的人出生貧寒，整日勞碌奔波才能勉強維持生計；有的女孩子一出生就漂亮可愛，有的卻是一點都不討喜；有的人一出生健康強壯，有的人卻是天生殘疾，這就是大自然造物的千差萬別之處。人生還有結局的不公平，同樣的冒險一搏，兔起鶻落之間有人走運，有人倒楣；同樣的辛勤付出，有人搶得先機贏家通吃，有人只能向隅而泣。所以說，人生是不公平的，要習慣去接受它。如果過分強調公平，就會使自己難以心平氣和。不公平是社會的常態，不公平也是人類生存的常態。

《三國演義》中有一段故事，同樣說明人生的競爭是不公平的，我們應該學會正視現實，面對人生：

五丈原南依棋盤山，北臨渭河，東西兩面爲河流沖刷的深溝，形勢險要。西元二三四年，諸葛亮率兵由漢中出發，取道褒斜道，穿過秦嶺，進駐五丈原。初來乍到，糧草不濟，先屯田練兵，待機伐魏。魏將司馬懿深知諸葛亮神機妙算，在渭河北岸固守，不敢貿然出兵。雙方在五丈原相持百天不戰，諸葛亮不得不引誘魏兵入葫蘆溝作戰，並放火燒斷穀口，欲大敗魏將司馬懿。未料一場大雨，魏軍死裡逃生。諸葛亮不禁仰天長歎：「謀事在人，成事在天。」

曾經在報紙上看到過這樣一則消息：

香港有中學會考制度，每年把所有的中學畢業生集中考試，不限名額，考試五科合格者，就稱爲「會考合格」，作爲考生升學、就業的依據，很是重要。

每年都有出類拔萃的考生，取得十科優良的驚人成績，成爲新聞記者訪問的對象。

一九九二年度會考，有一位少女取得了十科優良的成績，記者問她何以致之。

這位可愛的小姑娘說：「平時用功，再加上運氣。」

記者可能不以爲然，緊追了一句：「考試要講運氣的嗎？」

小姑娘反應奇快：「做任何事都要講運氣的哩！」

記者語塞。

不錯，很多事情都是需要運氣的，很多人的成功中也含有偶然因素和運氣的成分。一件事要取得成功，努力是一大因素，運氣又是另一大因素，兩者缺一不可。那位少女的話深具哲理。我們在現實生活中，看到運氣帶來成功的例子比比皆是，很多人買一張彩票就能夠輕鬆成爲千萬富翁，有的人遇到貴人片刻成爲明星……像這樣天上掉下禮物的事情是存在的，更加說明人生的競爭是不公平的。

人生的三重境界

人生有三重境界，這三重境界可以用一段充滿禪機的話來說明：

第一重境界，看山是山，看水是水。

第二重境界，看山不是山，看水不是水。

第三重境界，看山還是山。看水還是水。

人生之初純潔無瑕，初識世界，一切都是新鮮的，眼睛看見什麼就是什麼，人家告訴他這是山，他就認識了山；告訴他這是水，他就認識了水。

隨著年齡漸長，經歷的世事漸多，就發現這個世界的問題了。這個世界問題越來越多，越來越複雜，經常是黑白顛倒，是非混淆，無理走遍天下，有理寸步難行，好人無好報，惡人活千年。進入這個階段，人是激憤不平、憂慮而充滿疑問的，心思變得多疑、複雜，不願再輕易相信什麼。人到了這個時候看山也感慨，看水也歎息，借古諷今，指桑罵槐。山不再是單純的山，水不再是單純的水，一切的一切都是人主觀意志的載體。一個人倘若停留在人生的這一階段，那就苦了這條性命了。他會這山望了那山高，不停地攀登，爭強好勝，與人比較，絞盡腦汁，機關算盡，永無休止和滿足的一天。因爲這個世界原本就是人外還有人，天外還有天，循環往復，綠水長流。而人的生命是短暫有限的，哪能夠與永恒和無限計較呢？

許多人來到人生的第二重境界就到達人生的終點。追求一生，勞碌一生，心高氣傲一生，最後發現自己並沒有達到自己的理想，於是抱恨終生。但是有些人透過自我修煉，終於提升到了第三重人生境界，茅塞頓開，回歸自然。這個時候便會專心致志做自己應該做的事，不與旁人有任何計較。任你紅塵滾滾，我自清風朗月。面對蕪雜世俗之事，一笑了之，了了有何不了，這個時候的人看山又是山，看水又是水了。正是：「人本是人，不必刻意去做人；世本是世，無須精心去處世。」便也就是眞正的做人與處世了。

每一個人的心態才是自己眞正的世界，自己的心態是自己世界中的國王。正因爲人生是不公平的，所以每一個人都應該樹立積極的心態，這才是眞正的生存之道。我們必須面對這樣一個事實：在這個世界上成功卓越者少，失敗平庸者多，成功卓越者活得充實、自在、瀟灑，失敗平庸者過得空虛、艱難、猥瑣。爲什麼會這樣？仔細觀察，比較一下成功者與失敗者的心態尤其是關鍵。

二、任何偉大構想一開始的時候都不容易

俗話說「萬事開頭難」，任何一項偉大的構想，任何一個偉大的行動，在剛剛開始的時候都是很困難的。就像汽車在剛開始啓動的時候需要比較大的能量，在飛速前進的過程中耗費的能量反而比較少。如果你有一項偉大的構想會給自己帶來巨大的財富，你一定要把握好開頭。

一個人在事業上打響勝利的第一炮並不容易。在起步階段，你會遇到很多麻煩，因爲這是一個從無到有的建設過程，這個過程中的建設將會爲你以後的發展奠定堅實的基礎。很多今天我們看來很成功的人，他們在事業剛剛起步的時候都是歷經磨難，正像有人說的那樣：「不經歷風雨，難以見彩虹。」沒有人能夠隨隨便便成功。

柏濟力阿斯二十一歲的時候，詳細研究了瑞典一種礦泉水的成分，寫成生平第一篇化學論文。他打算以這篇論文拿學位。可是論文到了教授手中，便被否定了。因爲教授不相信柏濟力阿斯能夠勝任這樣的研究工作。

柏濟力阿斯又著手研究另一個化學課題——硝酸對乙醇的作用和笑氣的性質。寫好論

文之後，教授總算點頭，同意把論文轉呈瑞典科學院。

這位年輕人的論文送交瑞典科學院之後，沒有任何消息。左等右盼，直到三年之後，才收到瑞典科學院退回的論文，附了一封只有兩行字的公文：

「本院不能同意你使用的反燃素術語，因此我們不能發表你的論文。」

天哪，這是等了三年才得到的「批覆」！那些院士們頑固地維護燃素學說，對於持新見解的年輕人，視作洪水猛獸。正因爲這樣，柏濟力阿斯那閃耀著眞知灼見光芒的論文被退稿了。

第一篇論文夭折了，第二篇論文泡湯了。柏濟力阿斯並沒有灰心，他又在尋找新的研究課題。

年輕人對新事物最爲敏感，因此當一八〇〇年，義大利物理學家伏達發明「伏達電池」，柏濟力阿斯就對它發生興趣。他利用「伏達電池」產生的電流來治療風濕症，居然治好了一個手臂患風濕症的病人。柏濟力阿斯寫出了論文。

一八〇二年五月，柏濟力阿斯進行論文答辯。這第三篇論文總算通過了，成爲他的博士學位論文，題目爲《電流對動物機體的影響》。柏濟力阿斯畢業了，被瑞典皇家醫學會任命爲斯德哥爾摩醫學院藥物學講師。

一八〇三年，柏濟力阿斯和瑞典化學家希生格爾一起，發現了新的化學元素——鈽。這位二十四歲的年輕人，第一次引起了世界化學界的注意。發現鈽，使柏濟力阿斯在科學征途上結束了「開頭難」的局面，在兩年後拿到了醫學博士學位。從此人們稱他爲「柏濟力阿斯博士」。

柏濟力阿斯不斷出擊，在化學界打了一場又一場漂亮的勝仗，榮譽與頭銜紛至沓來：

一八〇七年，升任化學和醫藥學教授。

一八〇八年，被選爲瑞典科學院院士。

一八一八年起，被任命爲瑞典科學院常任秘書，他擔任這個職務直至去世。

一八二二年起，主編重要的國際學術刊物《物理學和化學年鑒》。

當柏濟力阿斯成爲歐洲化學界的權威之後，各國授予的獎章、榮譽稱號、頭銜，更是不勝枚舉。

然而，柏濟力阿斯並沒有忘記他第一篇、第二篇論文的遭遇。他深深懂得科學的希望在於年輕一代。正因爲這樣，他不斷向那些處於「開頭難」的青年化學家伸出了熱情的手。

很多成功人士在自己的事業起步階段都遇到很多困難，他們都會難過、徬徨、猶豫，這是人生發展的常態，只有那些勇敢堅持、堅定向著自己目標邁進的人才會成為最後的勝者。

一份發人深省的名單

請看下面一些成功人士，他們年輕時的處境是何等困頓。這是一份長長的名單，名單上的名字都是金光燦燦的成功人士，但是名單背後卻有無數的困苦和抗爭……

1、電影舞星佛萊德．艾斯泰爾

一九三三年到米高梅電影公司首次試鏡，導演給的紙上評語是：「毫無演技，前額微禿，略懂跳舞。」艾斯泰爾將這張紙裱起來，掛在比佛利山莊的豪宅中。

2、美國職業足球教練文斯．倫巴迪

當年曾被批評「對足球只懂皮毛，缺乏鬥志」。

3、哲學家蘇格拉底

他早年曾被人貶爲「讓青年墮落的腐敗者」。

4、彼得．丹尼爾

小學四年級時常遭級任老師菲利浦太太責罵：「彼得，你功課不好，腦袋不行，將來別想有什麼出息！」彼得在二十六歲前仍是大字不識幾個，有次一位朋友念了一篇《思考才能致富》的文章給他聽，給了他相當大的啓示。現在他買下了當初自己常打架鬧事的街道，並且出版了一本書《菲利浦太太，妳錯了》。

5、《小婦人》作者——露慧莎．梅艾爾卡特

她的家人希望她能找個幫傭或裁縫之類的工作，因爲大家都覺得她很笨。

6、貝多芬

學拉小提琴時，技術並不高明，他寧可拉自己作的曲子，也不肯做技巧上的改善，他的老師說他絕不是個當作曲家的料。

7、歌劇演員卡羅素

他那美妙的歌聲享譽全球。但當初他的父母希望他當工程師，而他的老師則說他那副嗓子是不能唱歌的。

8、達爾文

當年決定放棄行醫時，遭到父親斥責：「你放著正經事不幹，整天只管打獵、捉狗、捉耗子的。」另外，達爾文在自傳上透露：「小時候，所有的老師和長輩都認爲我資質平庸，和聰明沾不上邊。」

9、華德·迪士尼

當年被報社主編以缺乏創意的理由開除，建立迪士尼樂園前也曾破產好幾次。

10、愛迪生

小時候反應奇慢無比，老師都認爲他沒有學習能力，學校老師和同學都瞧不起他。

11、愛因斯坦

四歲才會說話，七歲才會認字，老師給他的評語是：「反應遲鈍，不合群，滿腦袋不切實際的幻想。」他曾遭到退學的命運，在申請蘇黎士技術學院時也被拒絕。

12、法國化學家巴斯德

他在大學時表現並不突出，他的化學成績在二十二人中排第十五名。

13、牛頓

小學的成績一團糟，常常遭到老師的批評。

14、羅丹

他的父親曾怨歎自己有個白癡兒子，在眾人眼中，他曾是個前途無「亮」的學生，藝術學院考了三次還考不進去。他的叔叔曾絕望地說：「孺子不可教也。」

15、托爾斯泰

大學時因成績太差而被退學，老師認為他既沒讀書的頭腦，又缺乏學習意願，但是他卻寫出了世界巨著《戰爭與和平》。

16、劇作家田納西．威廉斯

在華盛頓大學選讀英文時，曾以《我，瓦沙》一劇參加班際比賽，但落選了。老師表示：「威廉斯十分不服，他批評裁判沒有眼光，不識好貨。」

17、亨利．福特

亨利．福特在成功前曾多次失敗，破產過五次。

18、邱吉爾

小學六年級曾遭留級，他的前半生也充滿失敗與挫折，直到六十二歲他才當上英國首相，以「老人」的姿態開始有一番作爲。

19、巴哈

他曾找過十八家出版商發行他的萬字勵志小說《天地一沙鷗》，但全都被打回票，最後麥克米蘭公司才在一九七〇年出版這本書。一九七五年，美國一地的銷售量就已超過七百萬本。

20、查．胡克

查胡克花了七年時間，才完成以戰地爲背景的詼諧小說《M．A．S．H》。跑二十一家出版社後，終於找到莫羅公司願意幫他出書。書一發行，市場反應便十分熱烈，娛樂界立刻將此書改編為同名的電影及電視影集，也大獲好評。

21、艾倫

他是獲奧斯卡金像獎的作家、製作人以及導演。他在紐約大學與紐約市立學院的電影製作科目不及格，在紐約大學的英文也同樣不及格。

22、李昂．尤里斯

暢銷書《出埃及記》的作者，高中時英文補考三次。

23、克林．伊斯威特

一九五九年，環球影業公司行政主管在同一次會議上，對畢雷諾斯說：「你沒有天分。」對克林．伊斯威特說：「你的牙齒有缺口，你的喉結太突出，而且你說話太慢了。」如你所知，畢雷諾斯及克林．伊斯威特後來都成為電影界的大明星。

24、瑪莉蓮．夢露

一九四四年，愛默林．史奈利，藍舒模特兒經紀公司的董事，跟滿懷希望想從事模特兒工作的諾瑪．珍．貝克（瑪莉蓮．夢露）說：「妳最好改學秘書工作或乾脆結婚算了。」

25、麥克．富比世

全球最成功商業發行刊物之一《富比世》（Forbes）雜誌的總編輯，然而他在普林斯頓大學讀書時，卻與學校報刊的編輯無緣。

26、普雷斯利（貓王）

一九五四年，大歐樂．歐普利公司的經理開除艾維斯．普雷斯利。他告訴普雷斯利：「小子，你哪兒都去不成。你應該回去開卡車。」

普雷斯利後來成爲美國最受歡迎的搖滾巨星和電影明星。

27、貝爾

亞歷山大．格拉罕．貝爾在一八七六年發明電話時，支持者的電話掛也掛不完。展示後，魯勒福．海那斯總統說：「的確是令人驚奇不已的發明，但是，會有誰想使用呢？」

28、托馬斯．愛迪生

他試驗了超過兩千次以上才發明電燈泡，有一位年輕記者問他失敗了這麼多次的感想，他說：「我從未失敗過一次。我發明了燈泡，而那整個發明過程剛好有兩千個步驟。」

29、約翰·米爾頓

米爾頓在四十四歲時失明了，十六年後，他寫出了經典之作──《失樂園》。

30、路易士·阿莫

擁有超過一百本小說、發行逾兩百萬本的成功作家──路易士·阿莫，在第一次出版銷售前，被拒絕了三百五十次。後來他成爲第一位接受美國國會頒發特別獎章的美國小說家，確認了他透過歷史性作品，對國家做出長遠貢獻的傑出作家身分。

31、麥克阿瑟

如果沒有毅力，道格拉斯·麥克阿瑟將軍可能無法獲得名譽及權力。當他申請進入西點軍校時，被拒絕了──而且不止一次，是兩次。但是他仍然試了第三次，終於順利進入，從此大步跨進史冊中。

三、信念成就你的夢想

司圖爾特．米爾曾說過：「一個有信念的人所發出來的力量，不下於九九名僅心存興趣的人。」這就是爲何信念能開啓卓越之門的緣故。當我們內心相信，信念會傳送指令給神經系統，我們便不由自主地進入信以爲眞的狀態。所以，若好好控制信念，它就能發揮極大的力量，開創美好的未來；相反的，它也會毀滅你的人生。宗教會鼓舞成千上萬的人心，給予他們力量，做出認爲不可能的事。是信念，能幫助我們，挖掘出深藏在內心的無窮力量。

那麼，人們應該如何樹立自信心和必勝的信念呢？

正確的自我認識。缺乏自信的人過分低估價自己，只看到他人的優點，看不見自己的長處；只看到完成工作的困難，而忽視有利條件；好像成功都是因爲自己機遇好，一旦失敗則是因爲自己無能、蠢笨造成的；自己的優點和長處無足輕重，而別人的優點和長處卻是自己遠遠不及的……這樣的自我認知者，行動上往往不能發揮正常水準，常常坐失良機，事後又懊悔不已。事實上，每個人都有缺點和不足，只看到別人的優點而以此貶低自己是很不妥的。任何人都能在社會中找到適合自己的位置，正所謂「天生我才必有用」。人要學會全面、客觀地認識自我與他人。

建立合理的期望值。人們對目標的期望影響著對實際結果的感覺。比如考試成績同樣都是七十分，一個預期自己很難及格的學生會感到得意洋洋，而對於一個預期自己應考九十分的學生而言卻是一次不小的失敗。如果這種經歷反覆出現，前者就會變得盲目自信，而後者會變得缺乏自信。因此，確立切合實際的抱負水準是很重要的，它可以幫助人們形成適度的自信心。

一件事情的成功與失敗，不能簡單地歸因於某一個條件，它跟主觀努力、個人能力、機遇、任務難易等許多因素相關。因此對於每次的成功與失敗，既要看到自身主觀條件，也要看到客觀外部條件，從而做出恰如其分的評價和相應調整。

創富大忌之一——「不可能」

人類的一個主要弱點就是濫用「不可能」一詞，這個詞顯示出一切規則都不起作用，任何事都幹不成。這個世界上「不可能」的事太多了，人們常常被這種消極心態支配，才導致大部分人一生半紅不黑，既不太窮，亦不發達。

成功總是伴隨那些有自我成功意識的人，人們要學會在頭腦中將失敗意識轉變爲成功意識。

一個十歲男孩看著他父親修理汽車。突然千斤頂滑脫，父親的手被壓在車輪底下，此時男孩毫不猶豫地將汽車抬起，讓父親的手縮了回來。這是人類巨大潛能的一個眞實例子。在通常情況下，那個男孩最多只能舉起十分之一的重量，但他卻在料想不到的時候發揮了潛能的作用。人的潛能是多方面的，包括體能、智慧、宗教經驗、情緒反應等，其中最重要的是人的意識，因爲人的作爲開始於一種思想狀態，它不能離開意識力量的參與。然而，由於各種原因的限制，人通常只能發揮其潛能的十分之一。

詹姆士在《人的能量》一書中，描述貝爾德．史密斯上校一八七五年在印度德里被圍困六個星期的生活。當時史密斯上校身患敗血病，雙腳嚴重感染，雙臂嚴重扭傷，不斷腹瀉，周圍到處是感染瘧疾死亡的人。在那段時期，他大半靠白蘭地維生，那時候的酒沒有造成任何醉酒的效果。據他後來報告：「我確信在我的一生當中，沒有一刻像那時候明智、堅強。」

同樣的現象，在運動場上也常出現。有人觀察運動競賽獲勝者與失敗者的重大差別何在，其中之一便是優勝者自信能夠獲勝，而失敗者則常常為自己找尋許多失敗的理由或藉口。俄亥俄州立大學游泳隊員鮑勃．霍佩就是一個實例。鮑勃曾經贏得全美大學運動會的錦標，而且他很少失敗。有一天在游泳池，有人詢問他為何能贏得所有競賽的錦標，他回答說有幾個理由：「首先，我要求我的每一劃水動作都發揮最大的前進力量；其次，我勤於練習，時常在庭院中鍛煉體能；第三，我重視自己的身體，特別注重飲食。但是我的競爭對手也都能做到以上三點，我能奪取最高錦標的秘訣，乃在於我每次比賽前的心理準備——贏得第一。」

比賽前幾天，他的腦海總是浮現出下列情景：「我看到自己走進室內遊戲池，大約有三千位興高采烈的觀眾在看臺上，燈光與水波互相輝映，然後我走上起跳板，兩旁都是我的競爭對手。聽到槍響後，我迅速躍入池中，劃出我的第一個蝶式。我覺得自己全身舒展開來，繼續劃出動作，一下接著一下，不久，我望見自己即將接近底線，轉身以仰式領先一點點，然後我以剪水動作拉大差距。接著，我轉身改為蛙式，這是我最拿手的一招，因而，我眞正保持了領先距離。最後，我以自由式游回終點，終於奪得第一。

比賽前把這一幕情景一再在腦海中重覆再現，一直到比賽時，總共重覆想像四十來次。最後當我實際躍入水中游泳時，我眞的奪得了冠軍。」

鮑勃的方法，顯然給了我們這樣一個啓示：一再強化某一特定想法，對於實際行動足以產生巨大的影響力。心理學研究證實，凡認爲自己有創造力的人，最終必定表現出非凡的創造力來；而以爲自己無創造力的人，其創造力終將消失。

創富大忌之二——「碰碰運氣」

未能成功的人有一個共同的特點，就是他們編造失敗的理由，他們有無懈可擊的藉口來解釋他們沒有成功的原因。

找藉口解釋失敗是全人類的習慣。這個習慣同人類歷史一樣源遠流長，但對成功卻是致命的。爲什麼人們要依賴他們得意的藉口呢？希爾博士說：「人們保護藉口，因爲是自己創造了它們！一個人的藉口是他自己思維的產物，保護自己的勞動成果是人類的本能。」

雖然有些藉口很巧妙，少數藉口事實上更是無可非議，只可惜藉口不能當錢使，因爲這個世界想要知道的只有一樣東西——你成功了嗎？

所以，如果你對目前決心做的和正在做的任何事情，總是抱著「碰碰運氣」的想法，便是一開始就將自己置於一種被動無助的境地。要知道，這種不確信的投資常常是以失望出局的，相反的，事情一旦決定下來，便以百倍的勇氣和信心去實踐，不達目的誓不罷休，那也許將會是另一番局面。

台塑集團多年來一直是臺灣工業的霸主，憑藉石化工業取得巨大成就和豐厚利潤的王永慶被人信奉爲「經營之神」，但近年來，石化工業增長緩慢，王永慶面對市場發展規律也無力回天。與石化工業增長緩慢情形相反的是電子工業異軍突起，發展勢頭最爲強勁。王永慶仔細地分析了電子工業特點：電子工業同其他工業相比，省材料、省勞力，而且效率高、速度快、環境污染小，勝負的關鍵在於技術層次的高低。電子工業是現代化的產物，如今電子時代尚未完全成熟，發展周期起碼尚有半個世紀，憑自己的經營才能、經濟實力，投資這一領域肯定有所作爲。經過愼重思考，他已有足夠信心投資電子行業，他的信心絕對不盲目，而是經過周密分析，有客觀依據的。

正是因爲這種堅定的信心，當一九八五年南亞塑膠股東會議上，王永慶提出在以後一兩年內，計劃投資四十七億元發展電子工業時，引起股東們強烈反對，但他仍堅持己見，絕不動搖，這就是信心的力量！試想，王永慶對這行如果沒有足夠的信心，又不懂得運用這種信心作爲自己的精神支柱，或僅僅抱著「碰運氣」的心態，今天的王永慶就無法從電子工業獲得豐厚的利潤了。事實證明，南亞發展電子工業是順應世界工業發展的趨勢，使得台塑走在世界前列，並且有力的配合了臺灣政府發展工業的政策。

抱著僥倖心理去收穫成功，那是盲目而難以期求的。只有在目標確定之後，繼之以行動和以百折不撓的信念支撐，才會有所成就。因爲堅定必勝的信心是向潛意識大腦提供肯定或反覆的指令，而反覆傳遞給潛意識大腦的衝動最後會被潛意識大腦所接受，潛意識大腦則會根據這個衝動行爲，用最有效的步驟開始將衝動轉化爲有形的財富。

信念是「永久的萬靈藥」，它能帶來生命、力量，和由思想衝動引發的行動！

以下這些話值得讀兩次、三次、四次。請大聲朗讀！

信念是累積一切財富的起點。

信念是一切奇蹟的基礎，是不能用科學原理來解釋的所有神秘現象的基礎。
信念是失敗的唯一解藥！
信念是化學元素、化學藥品，當它與懇求者結合時會直接與無限智力連結。
信念是由人的有限大腦創造，將普通的思想衝動轉變成精神等價物的要素。

四、要增加你的財富，請先改變你自己

也許你已經聽過很多成功人士的講座，可能你多少都有這樣的體會：這些成功人士所講的東西似乎並不是你想要的。那麼，究竟你想要的是什麼呢？你從這些成功人士的身上看到的是他們的財富或者他們的成就，但是很多東西你還沒有看見，這就是他們的世界。在他們的世界裡，有他們自己的精神、習慣等等。他們之所以有今天的成就，正是因爲他們自己的世界是獨特的。

我們每天的成功與失敗經驗都在證實和支援著我們目前的自我形象。你繼續不斷地注意保持和證明今天「你是誰」，這樣堅持幾年，你便形成了一個穩定的自我形象，逐漸習慣了這一形象，並且把其作爲自己穩定的內部標準。

我們的習慣開始於無識的觀察、細節的暗示與經驗，它隨著實踐長大、累積、成熟起來。想像和情緒相融合，直到它們成爲打不破的鐵鏈。習慣就是由織網發展成鐵鏈，控制著你每天的生活。

自我修養能培養或打破一種習慣。它能使你的自我形象或思想產生持久的變化，幫助

你達到目標。自我修養反覆地用語言、圖畫、觀念和情緒告訴你，你正在贏得每一個重要的個人勝利。歸根結底，自我修養是一種自我暗示，也是一種思想的實踐。

自我修養的作用，可用這樣一個例子來說明。《讀者文摘》雜誌曾報導過一個中學的籃球隊故事。他們做了一個實驗，把水準相似的隊員分爲三個小組，告訴第一個小組停止練習自由投籃一個月；第二組每天下午在體育館練習一小時；第三組每天在自己的想像中練習投籃一個小時。結果，第一組由於一個月沒有練習，投籃平均水準由三九％降到三七％；第二組由於在體育館堅持練習，平均水準由三九％上升到四一％；第三組在想像中練習投籃，平均水準卻由三九％提高到四二．五％。這眞是很奇怪！在想像中練習投籃怎麼能比實際在體育館中練習投籃要提升得快呢？很簡單，因爲在你的想像中，你投出的球都是百發百中的！成功者就是這樣，在辦公室、運動場不斷地鍛煉自己，他們創造或摸擬每一個他們想要獲得的經歷，他們摸擬成功，彷彿他們是第一個。成功者就是這樣「表裡如一」的人們。

世界上許多卓越的成功者，幾乎都是心理模擬大師。他們懂得自我修養，處於不斷的向上提升中。他們雖然有時遭遇困頓，但在不停的練習中使自己堅強對待艱苦的生活。他們知道想像是最好的工具，想像是成功者的天地。成功者從來不半途而廢，成功者從來不投降，成功者不斷鼓勵自己，鞭策自己，並反覆去實踐，直到成功。

你是對的，你的世界就是對的！

哲學家曾經說過，所有事情的發生都是有原因的。不錯，那些成功人士能夠成功也是有原因的，究竟原因何在呢?請先看下面一則故事。

一天，一名公司高級職員下班後，把在公司未完成的公事帶回家做，但是五歲大的孩子不斷干擾他，要他陪玩耍。爲了讓孩子安靜下來，以便自己安心工作，他便想了個法子。他看到一張印有世界地圖的報紙，就隨手撕來，剪成幾張，交給孩子，吩咐孩子將剪開的地圖重新拼好。他心想，這可以讓孩子忙一陣子。

可是過了不久，孩子就把那些應該很難拼粘的「剪報」做好了，而且完好無誤。這位爸爸深感驚奇，問道：「孩子，你是怎麼這麼快將這張地圖粘好的?」

「爸爸，很容易的。這剪報的背面正好有一個人像，我只是將那個人像粘好，然後將它翻過來，地圖就完成了。只要這個人是對的，背後的世界也是對的。」

這個故事情節很簡單，但是給人的啓示卻很深刻。只要一個人是對的，他的世界就是對的。我們可以反過來理解，一個人的世界要是對的，必須他個人是對的才可以。我們看到成功人士周圍四射的光環，那就是他們的世界，他們的世界中充滿了陽光，可想而知，他們自己也是充滿陽光的。

一個人的成敗和得失都是有原因的，只有改變你自己，才能改變你的世界；只有改變自己的思想和習慣，你才可以表現出話語和行爲的改變；只有改變你自己，才能增加你的財富，讓你的世界富有起來！

從十二面鏡子中，看自己的未來

一個窮人很窮，一名富人見他可憐，就起了善心，想幫他致富。

富人送給他一頭牛，囑他好好墾荒，等春天來了撒上種子，秋天就可以遠離貧窮了。

窮人滿懷希望開始奮鬥。可是沒過幾天，牛要吃草，人要吃飯，日子比過去還難。窮人就想，不如把牛賣了，買幾隻羊，先殺一隻來吃，剩下的還可以生小羊，長大了拿去賣，可以賺更多的錢。

窮人的計劃如願以償，只是吃了一隻羊之後，小羊遲遲沒有生下來，日子又艱難了，他忍不住又吃了一隻。窮人想，這樣下去不得了，不如把羊賣了，買成雞，雞生蛋的速度要快一些，雞蛋立刻可以賺錢，日子馬上會好轉。

窮人的計劃又如願以償了，但是日子並沒有改變，他又艱難了，因此忍不住殺雞，終於殺到只剩一隻雞時，窮人的理想徹底崩潰。他想，致富是無望了，還不如把雞賣了，打一壺酒，三杯下肚，萬事不愁。

很快春天來了，發善心的富人興致勃勃送種子來，赫然發現窮人正就著鹹菜喝酒，牛早就沒有了，房子裡依然家徒四壁。

富人轉身走了。窮人當然一直窮著。

很多窮人都有過夢想，甚至有過機遇，有過行動，但要堅持到底卻很難。一名投資專家說，他的成功秘訣就是：沒錢時，不管再困難，也不要動用投資和積蓄，壓力會使你找到賺錢的新方法，幫你還清賬單。這是個好習慣。

性格形成習慣，習慣決定成功。如果你要改變自己的世界，就要改變你自己！改變你自己，請先照鏡子，看看你究竟需要在那些方面改進。

第一面鏡子：懂得做人

會做人，別人喜歡你，願意和你合作，才容易成事。怎麼讓別人喜歡自己呢？好的企業領導者都習慣於眞誠地欣賞他人的優點，對人誠實、正直、公正、和善和寬容，對其他人的生活、工作表示深切的關心與興趣。臺灣著名企業家張忠謀從來不走後門、不走政商關係，更拒絕鑽法律漏洞，贏得企業界和民間的極大尊重，官員也因此從來不敢故意刁難他的企業。

第二面鏡子：主動積極

採取主動，爲自己過去、現在及未來的行爲負責，並依據原則及價值觀，而非情緒或外在環境來下決定。主動積極的人是改變世界的催生者，他們揚棄被動的受害者角色，不怨恨別人，發揮了人類四項獨特的稟賦——自覺、良知、想像力和自主意志，同時以由內而外的方式來創造改變，積極面對一切。他們選擇創造自己的生命，這也是每個人最基本的決定。

第三面鏡子：充滿自信

成功的企業領導者都有很強的信心，他們不但打從心裡相信自己，也會在公眾面前表現出這種自信心。成功學的研究證實：成功的欲望是創造和擁有財富的泉源。英代爾總裁葛洛夫認爲「只有偏執狂才能生存」，堅持與自信成就了英代爾今天的偉業。

第四面鏡子：抓住機遇

每個人都被機遇包圍著，但是機會只在它們被看見時才存在，而且機會只有在被尋找時才會被看見，關鍵在於你如何認識機會、利用機會、抓住機會和創造這些機會。

第五面鏡子：目標明確

什麼是領導?世界級企管大師班尼士下了個定義：「創造一個令下屬追求的前景和目標，將它轉化爲大家的行動，並完成或達到所追求的前景和目標。」企業領導者知道，要使員工奉獻於企業共同的遠景，就必須使目標深植於每一名員工的心中，和每個員工信守的價值觀相一致，否則不可能激發這種熱情。

第六面鏡子：頑強堅韌

如果說有一種素質幾乎爲所有的成功企業領導者所擁有的話，那就是頑強精神。所謂頑強，並不是不知變通的頑固，它是一種下決心要取得結果的精神。在管理實踐中，身爲一個領導者，手下的人都希望你是一個不屈不撓的人。只有你的競爭對手希望你放棄這種精神。

第七面鏡子：有效溝通

領導者與被領導者之間的有效溝通，是管理藝術的精髓。比較完美的企業領導者習慣用七〇%的時間與他人溝通，剩下三〇%左右的時間用於分析問題和處理相關事務。他們透過廣泛的溝通使員工成爲一名公司事務的全面參與者。

第八面鏡子：終生學習

衡量企業成功的尺度是創新能力，而創新來源於不斷的學習，不學習不讀書就沒有新思想，也就不會有新策略和正確的決策。孔子說：「朝聞道，夕死可矣。」正是終生學習的最佳寫照。

第九面鏡子：持續創新

當今世界正面臨著一個非常嚴峻的現實：如果你停步不前，就會失去自己的立足之地。這一點對於個人或公司都是同樣的道理。如果滿足於現狀，你就喪失了創新能力，而創新是人類發展的主要泉源。具有創新頭腦的人是不怕變革的。耐吉不斷改進自己的運動鞋，以適應人類行走和奔跑的需要；不斷尋找爲當代年輕人所接受的明星作爲代言人，希望永遠被認爲是「酷」的代名詞，已有幾十年歷史的耐吉若不持續創新，就會被年輕一代拋棄。

第十面鏡子：雙贏思維

雙贏思維是一種基於互敬而尋求互惠的思考與心意，目的是獲取更豐富的機會、財富及資源，而非患不足的敵對式競爭。雙贏既非損人利己，亦非損己利人。我們的工作夥伴及家庭成員要從互賴式的角度來思考（我們，而非我）。雙贏思維鼓勵我們解決問題，並協助個人找到互惠的解決辦法，是一種資訊、力量、認可及報酬的分享。

第十一面鏡子：注重家庭

良好的企業領導者常把家庭比作登山的後援營地。他們在籌備後援營地（家庭）上所花的時間，絕不能少於實際登山（打拼事業）的時間，因爲他們的生存、登山的高度，常常與後援營地是否牢固和存糧是否充足有關。這些企業領導者還懂得，全面的成功才算眞正的成功，他們往往在打拼事業的同時，能夠兼顧家庭，珍惜幸福的婚姻。

第十二面鏡子：重視健康

許多立志要成功但最後壯志難酬的企業領導人，往往是因爲不能戰勝一個最大的敵人，這個敵人就是自己不健康的身體。美國管理界流行著一個觀點：不會管理自己身體的人，亦無資格管理他人；不會經營自己健康的人，就不會經營自己的事業。

五、勇敢的開始，不要錯過時機

一位富翁爲他唯一的女兒憂心，因爲他的女兒已到了適婚年齡，卻始終找不到心儀的結婚對象。富翁心想，將來自己的財產都要交給女兒，所以一定要爲她找到可以信賴的人。

終於，富翁想到一個考驗未來女婿的方法，他向全城的人宣佈，三天後，在他的家中舉行甄選比賽，不管甚麼人，只要能通過考驗，他就將唯一的女兒嫁給他，而且將一半財產分給他。

果然，城中的男子都議論紛紛，每個人都躍躍欲試，希望自己能成爲富翁的乘龍快婿。

當天，富翁的家中聚集了數以百計的青年男子，富翁把他們帶到後花園的游泳池旁，向他們說：「這個游泳池中放了十多條饑腸轆轆的鱷魚，只要有人能以最快的速度，從這一端游到另一端，而且安全上岸，就算是勝利者。我會將唯一的女兒嫁給他，而且得到我一半的財產。」

話還未說完，已經有一名年輕人跳入游泳池，以飛快的速度游到另一端，而且避開了鱷魚攻擊，安全地上岸了。周圍的人看得目瞪口呆，接著爲他鼓掌。富翁非常欣賞這個年輕人的勇氣，連忙走到他面前，正想向他致意，年輕人卻喘著氣，滿面怒容地說：「剛才到底是哪個壞蛋把我推進游泳池的？」這個故事告訴我們，勇敢追求自己的目標是非常重要的。很多時候，我們在機遇面前猶豫不決，同時也在這時候失去機會。勇敢地開始，常常是成功的前奏。

萬事俱備時，常常為時已晚

經過一段時間的磨練之後，創業者已經對商場實務有了一些感覺，累積了一定的知識經驗，也多了不少社會閱歷，總之，在各方面都有所成熟，這時候，就是你獨立出山的時候了。

在此說「萬事俱備」，只是一個形容，並不是說什麼事都已準備得很完善，只能說具備了一定的基本條件。對創業者各方面的要求，我認爲不能提得過高，眞要他完全成熟了才去當老闆獨立經營，這本身就是一個不能實現的空中樓閣。

按照本書前面提出的觀點，創業者只有透過獨立經營的致富行動，才能在實踐中逐漸成長起來，那麼創業者不當老闆又如何成熟？這豈不意味著創業者永遠也不能當老闆。反過來也可以問：尚未開始創業就已完全成熟的老闆又是從哪裡跳出來呢？

其實，正是這種「成熟論」，反映了許許多多處在財富大門之外的普通人求安全、穩妥、保險的心理，使他們不敢邁出獨立投資經營這至關重要的一步。

經常可以聽到這樣的議論：

「要是我當年也投資做生意，早就發大財了。」

「要是我當時膽子大一點，與某某一道跳出公司自己去做生意，肯定比某某強，這個人現在已經是千萬富翁了。」

「那年，我本來打算去做某樣生意的，結果家裡人勸我等幾年再說，一直就耽誤到現在，不然的話，一定也發財了。」

無須再舉例了，這樣的話語在我們身邊太多太多。誠然，每個人未敢行動的原因多種多樣，但最深層的共同根源，就是少了「成熟」這個保險係數。假設我們給這些人一個「成熟」的保險——只賺不虧，恐怕人人都會毫不猶疑地行動起來。

假設就是假設，不能代替現實。正是由於這樣那樣的「原因」和人們的不成熟，方才給眞正的創業者們提供了廣大的活動空間。

不可否認，創業者們也有諸多的不成熟，這是很可以理解的。但是，他們有著普通人不成熟之外的最大「成熟」——對「行動即財富」的深刻理解和堅定信念。所以，他們才敢於在不成熟中毅然行動，去實現自己的財富理想。

故而，不一定就眞要「萬事俱備」才敢行動，而是要在行動中去俱備萬事，在行動中去學習，在學習中去行動。長此以往，創業者的成熟自在其中。

不等成熟即創業，不怕風險去創業，這可以說是創業者的基本特徵。

成功者從不等待時機成熟

一九七三年，利物浦市一個叫科萊特的青年，考入了美國哈佛大學，常和他坐在一起聽課的是一位十八歲的美國小夥子。大學二年級那年，這位小夥子和科萊特商議，一起退學，去開發三十二位元財務軟體，因爲新編教科書中，已解決了進位元制路徑轉換的問題。當時，科萊特感到非常驚訝。他認爲自己來這裡是求學的，不是來玩的。再說，Bit系統教授才教了點皮毛，要開發三十二位元財務軟體，不學完大學的全部課程是不可能的。他委婉拒絕了那位小夥子的邀請。

十年後，科萊特成爲哈佛大學電腦系Bit方面的博士研究生；那位退學的小夥子也是在這一年，進入美國《富比世》雜誌億萬富豪排行榜。一九九二年，科萊特繼續攻讀，拿到博士學位；那位美國小夥子的個人資產，在這一年則僅次於華爾街大亨巴菲特，達到六十五億美元，成爲美國第二富豪。一九九五年，科萊特認爲自己已具備了足夠的學識，可以研究和開發三十二位元財務軟體了；而那位小夥子則已繞過Bit系統，開發出Eip財務軟體。它比Bit快一千五百倍，並且在兩周內佔領了全球市場，這一年他成了世界首富，一個代表著成功和財富的名字——比爾．蓋茲也隨之傳遍全球的每一個角落。

許多人認爲，只有具備了精深的專業知識才能從事創業。然而，世界創新史表明，先有精深的專業知識才從事發明創造的人並不多，不少成就一番事業的人，都是直接對準了目標，然後在創造過程中，根據需要補充知識。比爾．蓋茲哈佛大學沒畢業就去創業了，假如等到他學完所有知識再去創辦微軟，他還會成爲世界首富嗎？

一九二一年六月二日，電報誕生整整二十五周年。美國《紐約時報》對這一歷史性的發明，發表了一篇簡短的社論，其中傳達的一個重要訊息——現在人們每年接受的信息量是二十五年前的五十倍。

對這一消息，當時在美國至少有十六人做出了反應。他們不約而同的想創辦一份文摘性刊物，讓人們能在浩如煙海的資訊中，儘快獲得自己需要的東西。這十六人中，有律師、作家、編輯、記者，甚至還有一位名叫瑟·麥卡錫的國會議員，他們都認爲這類刊物必定有廣大的市場。在不到三個月的時間裡，他們都到銀行存了五百美元的法定資本金，並領取了執照。

然而，當他們到郵電部門辦理有關發行手續時，才知道該類刊物的發行暫時不能代理，如需代理至少要等到明年中期選舉過後。

得到這一答覆，其中的十五人爲了免交營業稅，向管理部門遞交了暫緩營業的申請。只有一位叫德威特·華萊士的年輕人沒有理睬這一套。他回到他的暫住地——紐約格林威治村的一個儲藏室，和他的未婚妻一起糊了兩千個信封，裝上訂單運到郵局寄了出去。從此，世界出版史上的一個奇蹟就誕生了。

到了二〇〇二年六月三十日，他們創辦的這份文摘——《讀者文摘》已擁有十九種文字，四十八個版本，發行範圍達一百二十七個國家和地區，訂戶一億人，年收入五億美元。

爲什麼世界上聰明人很多，而成功者很少？是不是因爲很多聰明人在已經具備了諸多可以成功的條件時，仍在苛求更多的捷徑，從而失去了機會。成功者是不會坐等萬事俱備的。

國家圖書館出版品預行編目資料

非常有錢，非常秘密／劉培華作.
第一版——臺北市：老樹創意出版；
紅螞蟻圖書發行，2010.2
面；　公分.——（New Century；25）
ISBN 978-986-6297-05-2（平裝）
1.成功法　2.財富
177.2　　　　　99001585

New Century 25

非常有錢，非常秘密

作　　者／劉培華
文字編輯／胡文文
美術編輯／上承文化有限公司
發 行 人／賴秀珍
榮譽總監／張錦基
出　　版／老樹創意出版中心
企劃編輯／老樹創意出版中心
發　　行／紅螞蟻圖書有限公司
地　　址／台北市內湖區舊宗路二段121巷28號4F
網　　站／www.e-redant.com
郵撥帳號／1604621-1　紅螞蟻圖書有限公司
電　　話／(02)2795-3656（代表號）
傳　　眞／(02)2795-4100
港澳總經銷／和平圖書有限公司
地　　址／香港柴灣嘉業街12號 樂門大廈17F
電　　話／(852)2804-6687
法律顧問／許晏賓律師
印 刷 廠／鴻運彩色印刷有限公司
出版日期／2010年2月　第一版第一刷

定價240元　港幣80元

ISBN 978-986-6297-05-2 Printed in Taiwan

老樹創意

老樹創意

老樹創意

老樹創意